INHALT

DIE BESTEN MARCO POLO INSIDER-TIPPS   vorderer Umschlag

DIE WICHTIGSTEN MARCO POLO HIGHLIGHTS   4

AUFTAKT   7
Entdecken Sie die Türkei!

Geschichtstabelle   8

STICHWORTE   13
Von Atatürk bis Umweltschutz

ESSEN & TRINKEN
Mehr als nur Döner und Kebap

EINKAUFEN
Teppich, Leder und Alabaster

FESTE, EVENTS UND MEHR

KURZBESUCH IN İSTANBUL   26

WESTKÜSTE   29
Antikes Hinterland, bezaubernde Buchten

SÜDKÜSTE   43
Wie Perlen an einer Schnur

ZENTRALANATOLIEN   55
Vergangene Reiche und die moderne Hauptstadt

SÜDOSTANATOLIEN   65
Das Land der Arche Noah

SCHWARZMEERKÜSTE   73
Hochland für Entdecker

AUSFLÜGE & TOUREN   81
Abwechslungsreiche Natur, faszinierende Geschichte

SPORT & AKTIVITÄTEN   87
Unten surfen, oben im Schnee wedeln

MIT KINDERN REISEN   91
Kinder sind jederzeit willkommen

ANGESAGT!   94

PRAKTISCHE HINWEISE   95
Von Anreise bis Zoll

SPRACHFÜHRER   101

REISEATLAS TÜRKEI   105

KARTENLEGENDE REISEATLAS   107
MARCO POLO PROGRAMM   125
REGISTER   126
IMPRESSUM   127

BLOSS NICHT!   128

Die wichtigsten MARCO POLO **Highlights**

Sehenswürdigkeiten, Orte und Erlebnisse, die Sie nicht verpassen sollten

★1 Hagia Sophia
Die Kirche der »heiligen Weisheit« ist das berühmteste Bauwerk İstanbuls (Seite 26)

★2 Topkapı-Palast
Der einstige Sultanspalast in İstanbul zählt heute zu den reichsten Museen der Welt (Seite 27)

★3 Troja
Archäologen graben hier seit mehr als hundert Jahren, doch die spektakulärsten Funde wurden außer Landes gebracht (Seite 37)

★4 Ephesos
Krönung einer Türkeireise: ein Besuch der prächtigen Ruinenstadt Ephesos (Seite 39)

★5 Pamukkale
Die »Baumwollburg« aus weißen Kalksteinterrassen, über die heiße Quellen plätschern, ist eines der bezauberndsten Naturphänomene der Türkei (Seite 40)

★6 Blaue Reise
Auf einer gemütlichen Holzyacht von Bucht zu Bucht schippern – angenehmer lässt sich die Mittelmeerküste nicht erfahren (Seite 47, 52)

★7 Ölüdeniz
Ein Stück Paradies: die geschützte Bucht von Ölüdeniz (Seite 49)

Yachten aus aller Welt gehen in Bodrum vor Anker

Sakrales Kunstwerk: Hagia Sophia

 Patara
Der längste Sandstrand des östlichen Mittelmeers ist so groß, dass man vom Meer aus in die Wüste zu blicken meint (Seite 50)

 Dalyan
Antike Felsengräber und das ursprünglichste Stück Badeküste am Mündungsdelta des Dalyan-Flusses (Seite 53)

 Museum für anatolische Zivilisationen
Das Museum in Ankara birgt eine unschätzbar wertvolle Sammlung hethitischer und anatolischer Altertümer (Seite 56)

 Uçhisar
In einer bizarren Landschaft aus wundersam geformten Tuffsteinhügeln verbergen sich unterirdische Kirchen und ganze Höhlendörfer (Seite 60)

 Konya
Die tanzenden Derwische sind das bekannteste Markenzeichen des mystischen Mevlana-Ordens (Seite 61)

»Schönheitsbrunnen«: Pamukkale

 Nemrut Dağı
Riesige Götterhäupter, aus Stein gehauen, schmücken das Hochplateau des Nemrut-Berges – eine Begegnung jenseits der Zeit (Seite 69)

 Ishak Paşa Sarayı
Kurz vor der iranischen Grenze erhebt sich in einer wild zerklüfteten Landschaft eine der spektakulärsten Burgen Asiens (Seite 71)

 Sumela-Kloster
Wenn man glaubt, kein Pfad führe mehr weiter, sieht man wie an den Berg geklebt das Sumela-Kloster (Seite 79)

 Die Highlights sind in der Karte auf dem hinteren Umschlag eingetragen

AUFTAKT

Entdecken Sie die Türkei!

Strandurlaub, einsame Berge und Seen – Zeugnisse einer vieltausendjährigen Geschichte

Die Tulpen stammen nicht aus Holland, sondern aus der Türkei. Der Garten Eden soll in Südostanatolien gelegen haben. Eine der ältesten bekannten menschlichen Siedlungen liegt im zentralanatolischen Çatal Hüyük. Sie datiert aus dem 7. Jahrtausend v. Chr. und ist damit so alt wie Jericho. Es waren die frühzeitlichen Bewohner Anatoliens, die sich vermutlich als Erste vor fast 4000 Jahren der Schrift bedienten. Hätten Sie's gewusst?

Kommen Sie in die Türkei, sehen Sie, und lassen Sie sich überraschen! Kaum ein anderes europäisches Urlaubsland bietet seinen Besuchern eine solche Fülle von Kontrasten: landschaftlich, gesellschaftlich, historisch, politisch. Geografisch liegt die Türkei in einer Zwischenlage zwischen Orient und Okzident – der Bosporus bildet die Grenze.

Die Regionen sind an Variantenreichtum kaum zu übertreffen. Ein Querschnitt entlang der West-Ost-Achse führt von den Getreidefeldern Thrakiens auf der europäischen Seite über die romantischen

Tropische Frucht: Granatäpfel

Der Ararat, stolzes Wahrzeichen mit biblischer Geschichte der Türkei, liegt im Nordosten des Landes

Buchten der Ägäisküste vorbei an den kalten Seen und schneebedeckten Bergmassiven der anatolischen Hochlagen durch fruchtbare Täler bis zu den vulkanischen Alpen Kurdistans an der östlichen Grenze. Von Nord nach Süd geht es von den waldreichen Berghängen des pontischen Taurus am Schwarzen Meer über die gewaltige anatolische Steppe und die Mondlandschaft Kappadokiens zur Gebirgsscheide des Taurus, bevor man die Strände der südlichen Mittelmeerküste erreicht.

Anatolien wurde jahrtausendelang von den zwischen Ost und West hin- und herziehenden Völkern, Heerscharen und Religionen geprägt – auf ihrem Weg durch die Türkei werden Sie oft die gleichen Routen benutzen wie die Kreuzritter oder die Karawanen auf der Sei-

Geschichtstabelle

Um 7000 v. Chr. Erste Siedler in Kleinasien

2000 v. Chr. Reichsgründung der Hethiter in Anatolien

ab 700 v. Chr. Kolonisation der Westküste durch Griechen

550 v. Chr. Perser werden Großmacht in Kleinasien

331 v. Chr. Sieg Alexander des Großen über die Perser

133 v. Chr. Beginn der römischen Herrschaft in Kleinasien

395 n. Chr. Das Imperium zerfällt in Oströmisches (Byzantinisches) und Weströmisches Reich

1453 Eroberung Konstantinopels durch Mehmet I., Umbenennung in İstanbul, fortan Hauptstadt des Osmanischen Reiches

1453–1683 Größte Ausdehnung des Osmanischen Reiches. Zeit kultureller Blüte

1683–1923 Niedergang des Osmanischen Reiches

1876 Erste Verfassung

1914–1919 Erster Weltkrieg; Teilnahme der Türkei an der Seite des Deutschen Reiches

1919 Unabhängigkeitskrieg unter Mustafa Kemal Pascha gegen die von den Alliierten beschlossene Aufteilung der Türkei

1920–1922 Griechisch-türkischer Krieg in Westanatolien, Sieg der Türken, Evakuierung von Smyrna (ab 1922 Izmir)

1922–1938 Kemalistische Kulturrevolution

29. Oktober 1923 Gründung der Türkischen Republik; Präsident Mustafa Kemal (»Atatürk«, Vater der Türken); Hauptstadt ist Ankara

1939–1945 Neutralität im Zweiten Weltkrieg, Anfang 1945 Kriegsgegner Deutschlands

1945 Mehrparteiensystem

1952 Nato-Beitritt

1960/1971/1980 Militärputsche

1974 Türkische Invasion auf Nordzypern

1984–1999 Kurdische Arbeiterpartei (PKK) kämpft für ein unabhängiges Kurdistan, Staat reagiert in den südostanatolischen Provinzen mit beispielloser Härte

1999 Schweres Erdbeben: 18 000 Tote in der West-Türkei; Status eines Beitrittskandidaten auf dem EU-Gipfel in Helsinki

2001 Schwerste Wirtschaftskrise seit Gründung der Republik

AUFTAKT

denstraße. Hethiter, Griechen, Römer, Byzantiner, Seldschuken, Mongolen, Kreuzritter und Osmanen hinterließen in Anatolien ihre bis heute sichtbaren Spuren.

Die Türkei hat jedem Reisenden etwas zu bieten: dem Strandurlauber 1500 km Ägäis- und Mittelmeerküste mit – immer noch – vielen einsamen Buchten und dem saubersten Wasser Südeuropas. Der Naturfreund findet eine unerhört artenreiche Flora und Fauna vor. In Naturparks haben so seltene Tiere wie der anatolische Gepard oder das Wildpferd überlebt. An einigen Mittelmeerstränden brüten die letzten Exemplare der Meeresschildkröte Caretta caretta.

Auch Sportsfreunden steht eine große Auswahl offen. Für Wanderer gibt es Mittel- und Hochgebirge bis zu 5000 m Höhe, für Wintersportler eine wachsende Zahl erschlossener Skigebiete und für Taucher schillernde Reviere vor der Mittelmeerküste.

Urlauber mit gehobenen Ansprüchen können sich in üppige 5-Sterne-Anlagen zurückziehen. Selbst beim Golf ist die türkische Riviera mittlerweile dabei, etablierten Adressen wie der portugiesischen Algarve den Rang abzulaufen. Individualreisende finden in der Weite des anatolischen Hochlandes und in der abgeschiedenen Bergwelt des Ostens Dörfer, in die sich nur selten ein Fremder verirrt.

» *Einsame Buchten, sauberes Wasser* «

Den Geschichtsinteressierten öffnet sich in der Türkei das größte Freilichtmuseum der Welt. Nicht einmal in Griechenland selbst können mehr Zeugnisse der griechischen Antike bewundert werden wie in Kleinasien. Hinzu kommen die Kirchen, Paläste und Burgen der byzantinischen Kaiser (4.–15. Jh.)

Strand von Candarli bei Bergama mit antiker Kulisse

9

und die prachtvollen Hinterlassenschaften aus islamisch-osmanischer Zeit (16.–19. Jh.), etwa die großartigen Moscheen des Hofarchitekten Sinan in İstanbul und Edirne oder die Medresen, Religionsschulen, von Konya.

Außer Israel gibt es kein Land, das so viele Reiseziele für christliche Pilger und theologisch Interessierte bietet wie die Türkei. In Antakya (Antiochia) an der syrischen Grenze sollen sich die Anhänger Jesu den Namen »Christen« gegeben und Paulus seine Mission begonnen haben. Maria und der Apostel Johannes sollen in Ephesos gestorben sein – daran erinnern zwei byzantinische Kirchen. In den Tuffsteinhöhlen Kappadokiens hielten sich die frühen Christengemeinden vor der Verfolgung durch die Römer versteckt.

Warum auch immer Sie in die Türkei reisen – Sie werden auf herzliche, dem Fremden gegenüber neugierige Menschen treffen. Die Freundlichkeit und Hilfsbereitschaft der Türken ist gerade für deutsche Besucher oft beschämend. Es kann passieren, dass Passanten zu Ihnen ins Auto steigen, Sie zu der von Ihnen gesuchten Adresse bringen und anschließend wieder 2 km zurücklaufen.

Die beste Jahreszeit für einen Türkeibesuch ist die Badesaison von April bis Ende Oktober. Doch mittlerweile haben die großen Hotels an der Südküste ganzjährig geöffnet, weil sich viele Gäste aus Nordeuropa auch bei zwölf Grad Durchschnittstemperatur und Sonnenschein über einen *çay*, ein Glas Tee, unter freiem Himmel begeistern können. Die Sommer sind am

Das größte Freilichtmuseum der Welt

Mittelmeer heiß, aber selten unerträglich. Im anatolischen Hochland und in der Osttürkei kommt zur großen Hitze die Trockenheit hinzu. Die Winter wiederum sind dort schneereich und bitterkalt. Im Winter, der sich bis in den April hinziehen kann, fällt auch in İstanbul regelmäßig Schnee. Am Schwarzen Meer wird das Wetter zu jeder Jahreszeit von einem regenreichen, feuchtwarmen Klima bestimmt.

Was Sie auf den übervollen Tischen der Wochenmärkte sehen, stammt fast alles aus dem eigenen Land. Trotzdem gehören die Bauern – nicht nur diejenigen kurdischer Abstammung – zu den Ärmsten der Gesellschaft. Drei Viertel von ihnen besitzen kein eigenes Land und müssen für Großgrundbesitzer schuften. Knapp die Hälfte der Erwerbstätigen ist in der Landwirtschaft beschäftigt, wo trotz fortschreitender Mechanisierung Esel und Maultier noch unentbehrliche Dienste leisten. Dennoch hat die industrielle Produktion in den vergangenen Jahren einen großen Sprung nach vorne gemacht. Ob Elektronik, Haushaltstechnik, Computer, Autos (Lizenzen aus Japan und Deutschland) oder feinste Herrenmode – das Siegel made in Turkey wird in der Welt nicht mehr belächelt.

Zwar liegen nur drei Prozent des 814 000 km^2 großen Landes in Europa, die Türken verstehen sich dennoch als Europäer. Entscheidenden Anteil an dieser Haltung hat der Republikgründer Mustafa Kemal »Atatürk« (Stammvater der Türken). Er wollte mit der orientalischen Vergangenheit des Landes

10

Auftakt

Spätromanischer Aquädukt mit Bögen aus Lavagestein bei Issos

brechen und den Anschluss an die europäischen Nationen schaffen. Er führte das lateinische Alphabet und europäisches Recht ein und verbannte die Religion aus dem öffentlichen Leben. An der Überzeugung der Regierenden, dass der Staat weiß, »was für das Volk gut ist«, hat sich bis heute nichts geändert.

Doch heute, über 60 Jahre nach dem Tod Atatürks, ist die Türkei immer noch ein zweigeteiltes Land. Auf der einen Seite die modernen Metropolen İstanbul, Ankara, İzmir und die westlichen Urlauberorte entlang der Sonnenküste. Wie in Stuttgart oder Göteborg bestimmen dort Internet, deutsche Automarken und amerikanisches Kino das Lebensgefühl junger Leute. Auf der anderen Seite das völlig vernachlässigte, arme Ostanatolien, wo die Säuglingssterblichkeit doppelt so hoch ist wie im Landesdurchschnitt. Dort gelten archaische Traditionen wie das kompromisslose Verständnis von Ehre weiter fort.

Mag die Politik auch in dem Glauben an überkommene Rezepte erstarrt sein, die junge Generation der Türken hat ihre eigene Dynamik entwickelt und sorgt dafür, dass ihr Land wenigstens äußerlich den Anschluss an Europa behält. In İstanbul können Sie so leben wie in Frankfurt oder Rom, können Cappuccino statt türkischen Mokka trinken, und in den Pubs der Großstädte trifft sich eine kosmopolitische urbane Mittelschicht, gut ausgebildet und mit guten Fremdsprachenkenntnissen.

» **Stammvater der Türken: Atatürk** «

Man muss sich darauf gefasst machen, dass einem unterwegs so manches Vorurteil über die Türkei abhanden kommt. Lassen Sie sich also überraschen. Entdecken Sie die Türkei!

11

STICHWORTE

Von Atatürk bis Umweltschutz

Notizen zu einer Gesellschaft im Wandel

Atatürk

Verehrt wird der allgegenwärtige Staatsgründer Mustafa Kemal Atatürk, weil er das Land vor der Aufteilung bewahrt und ihm mit Gründung der Republik eine neue Perspektive gegeben hat. Nach dem Willen der Sieger des Ersten Weltkriegs, in dem der Sultan auf der Seite der Deutschen gestanden hatte, sollten Italien, Frankreich, Großbritannien, Griechenland und Armenien die Türkei unter sich aufteilen. Den Türken sollte nur ein kleiner Teil des anatolischen Kernlandes bleiben. Eine Gruppe junger türkischer Offiziere unter Führung von Mustafa Kemal organisierte von der Schwarzmeerküste aus den Widerstand gegen das Sultanat und die Aufteilung ihres Landes. Was als eine Art Guerillakrieg begann, wuchs zu einer nationalen Widerstandsbewegung. Das Ziel: die Gründung eines Staates »Türkei«.

Nachdem die staatliche Souveränität wiedergewonnen und am 29. Oktober 1923 feierlich die Türkische Republik gegründet worden war, begann Mustafa Kemal als Präsident (er erhielt 1934 den Ehrentitel Atatürk, »Stammvater der Türken«) mit dem zweiten Teil seiner ehrgeizigen Revolution: der radikalen Umgestaltung des Landes im Innern. 1922 wurde das Sultanat, 1924 das Amt des Kalifen abgeschafft. Damit war gleichzeitig die Dynastie der Osmanen beendet, die bis dahin beide Ämter innehatten. Dann löste er die islamischen Orden auf, verbot Koranschulen und das Tragen eines Schleiers in öffentlichen Gebäuden und verschaffte den Frauen Gleichberechtigung. 1930 erhielten sie das allgemeine Wahlrecht, früher als in manchen westeuropäischen Ländern.

Atatürk führte das Schweizer Zivilrecht ein, das Strafrecht ließ er aus Italien importieren. Eine besondere Zäsur bedeutete die Ablösung der arabischen Schrift durch das lateinische Alphabet.

Atatürk starb 1938 im İstanbuler Dolmabahçe-Palast an Leberzirrhose. Sein Mausoleum befindet sich in Ankara (Anıtkabir).

Erdbeben

Die Türkei ist ein Erdbebengebiet. Der »Nordanatolische Graben« zieht sich vom Osten bei Erzurum bis zum Golf von Saros an der griechischen Grenze hin. Die schweren Beben vom August und November

Auch im Detail schön: İstanbuls Wahrzeichen, Sultanahmet Camii, auch Blaue Moschee genannt

13

1999 in der Westtürkei, bei denen mehr als 18 000 Menschen starben, machten die Gefahr besonders für die Millionenmetropole İstanbul deutlich.

Flora und Fauna

Die Tier- und Pflanzenwelt der Türkei ist so vielfältig und kontrastreich wie die Regionen des Landes. Fast alles, was in Mitteleuropa und auf dem Balkan kreucht und fleucht, findet sich auch in der Türkei. In abgelegenen Gegenden siedeln noch vereinzelt Wölfe, Schakale und Bären. In der Südtürkei stolpert man fast über Landschildkröten und diverse Eidechsenarten. Auch über 20 verschiedene Schlangenarten soll es in der Türkei geben. Ungewöhnlich beeindruckend ist die Artenfülle der Vogelwelt, die in den Seengebieten zu beobachten ist. Kormorane, Pelikane, Reiher und Störche, speziell Weißstörche, sind allerdings nur Sommergäste. Im Herbst ziehen sie in schönen Formationen weiter gen Süden.

Frauen

In der Türkei sind Frauen gesetzlich gleichgestellt. Das Frauenwahlrecht gibt es seit 1930, und an den Schulen gilt seit 1925 die koedukative Erziehung. Für viele Türkinnen steht den modernen rechtlichen Voraussetzungen allerdings eine traditionalistisch geprägte private Realität gegenüber.

Trotzdem ist das Bild von der unterdrückten türkischen Frau nicht richtig. Die Teilnahme und -habe von Frauen gehört in der Türkei zur gesellschaftlichen Normalität: An den Hochschulen beträgt der Frauenanteil z. B. fast 50 Prozent.

Hamam (Türkisches Bad)

Plätscherndes, warmes Wasser in Marmorbecken, heißer Dampf unter hohen Gewölben: Der Hamam ist ein Muss für Türkeitouristen.

Selbstbewusst: rauchende Frauen beim Zigeunerfest Kakava in Edirne

STICHWORTE

Frauen- und Männerabteilungen sind normalerweise voneinander getrennt. Aber in touristischen Bädern kann gemischt gebadet werden. Vor allem in İstanbul und Bursa sind die historischen Bäder einen Besuch wert.

Kurden

Die meisten Kurden in der Türkei leben in den südöstlichen Provinzen des Landes. Doch viele sind in den vergangenen Jahrzehnten auf der Suche nach Arbeit in die westlichen Großstädte gezogen. Allein in İstanbul sollen zwei Millionen Menschen kurdischer Abstammung leben.

Die Kurden werden nicht – wie die Armenier oder die Griechen – als offizielle Minderheit der Türkei anerkannt und sind großem Assimilierungsdruck ausgesetzt. Selbst das Wort »Kurde« war lange verboten. Mittlerweile wird in den türkischen Medien zum Teil leidenschaftlich über die »kurdische Frage« gestritten. Doch wer zu weit geht und eine kurdische Autonomie fordert, muss den Artikel 8 des Antiterrorgesetzes (»separatistische Bestrebungen«) fürchten und mit hohen Strafen rechnen. Mit solchen Repressionen reagiert der Staat auf die Herausforderung durch die militante Kurdische Arbeiterpartei (PKK), die 16 Jahre lang einen blutigen Bürgerkrieg mit der Armee im Südosten austrug.

Musik

Die türkische Musik bietet eine große regionale und tonale Vielfalt. Die klassische türkische Musik mit byzantinischen und arabischen Einflüssen klingt getragen, und das, was sich anhört wie sich überschlagende Stimmen, erfordert von den Sängerinnen und Sängern eine große Stimmdisziplin. Die einfache Volksmusik Anatoliens und des Schwarzmeers klingt dagegen quirlig und kommt ohne Orchester aus. Ein paar Fideln, Trommeln und eine *saz* genügen. Zu dieser rhythmischen Musik wird in den Lokalen Bauchtanz dargeboten.

Die jüngste Entwicklung ist Türkpop, eine elektronische Synthese aus Orient und Okzident, die auch in den westeuropäischen Hauptstädten große Erfolge feiert. Der bekannteste Interpret ist der in Deutschland geborene Sänger Tarkan.

Osmanisches Reich

Vom Reichsgründer Osman (Regierungszeit 1288–1323/4) leitet sich der Name der bis 1922 herrschenden Dynastie ab. 37 Sultane regierten das Reich, manche waren nur wenige Monate an der Macht, bevor sie Opfer einer Intrige oder eines Brudermordes wurden. Nach der Eroberung Konstantinopels durch Mehmet I. herrschten die Sultane jahrhundertelang vom Balkan bis Algerien. Im 19. Jh. begann der unaufhaltsame Niedergang, der im Ersten Weltkrieg und in der Gründung der modernen Republik endete: Das Osmanische Reich war dem industrialisierten Europa erlegen. Nach dieser traumatischen Entwicklung wurden zunächst alle Erinnerungen an das Osmanenreich in Museen verdrängt.

Politisches System

Die Türkei ist formal ein parlamentarischer Rechtsstaat westlichen Zuschnitts – der einzige in der muslimischen Welt. Die Abgeordneten

der Großen Türkischen Nationalversammlung in Ankara und die
Bürgermeister kreisfreier Gemein-
den und Städte werden alle fünf
Jahre in geheimer und freier Wahl
von den Wahlberechtigten über 18
Jahre gewählt. Die geltende Verfassung, von den Generälen nach dem
Putsch 1980 geschrieben, wurde
2001 reformiert. Eine Umsetzung
der Änderungen, so hoffen die Türken, wird ihren Beitritt zur EU er-
leichtern. Die Meinungs- und Pres-
sefreiheit stoßen an ihre Grenzen,
wenn die Äußerungen nicht kon-
form gehen mit dem Kemalismus
und dessen Auffassung von der Einheit des Staates. Meinungsäußerun-
gen können als Terrorakte einge-
stuft werden. Das geschah oft im
Zusammenhang mit der Kurdenfra-
ge. Ebenso lässt sich die Unabhän-
gigkeit der zivilen Gerichtsbarkeit
in Frage stellen. Die Armee spielt
immer noch eine große Rolle in der
Politik.

Religion

»Gott ist groß. Es gibt keinen Gott
außer Gott, und Muhammed ist
sein Prophet.« So rufen die Muezzi-
ne fünfmal am Tag in der ganzen
Türkei von den Minaretten. Die
Gläubigsten finden sich jedesmal in
der Moschee zusammen.

Offiziell sind 99 Prozent der türkischen Bevölkerung Muslime, der
überwiegende Teil gehört der sun-
nitischen Richtung an.

Das heilige Buch des Islam ist
der Koran. Er enthält in Versform
die Offenbarungen des Propheten
Mohammed. Nur im arabischen
Original gilt er als Koran. Darum ist
es für die Schüler der privaten Koranschulen eine besondere Anstren-
gung, den Text auswendig zu lernen. Diese Kurse werden von der
Regierung nicht gern gesehen, weil
sie dort einen Hort der wachsenden
politischen Islambewegung in der
Türkei vermuten. An staatlichen
Schulen wird nur allgemeiner Reli-
gionsunterricht gegeben.

Etwa ein Viertel der muslimischen Bevölkerung gehört der
Glaubensrichtung der Alewiten
an. Sie sind Anhänger Alis, eines
Schwiegersohns Mohammeds,
stehen traditionell politisch links
und lehnen die Dogmen der Sunni-
ten ab.

Die beiden höchsten islamischen Feiertage sind *Kurban bayramı* (Opferfest) und der Ramadan
(türk. *Ramazan bayramı)*. Am Opferfest schächtet jeder, der es sich
leisten kann, einen jungen Hammel
oder ein Kalb in Erinnerung an das
Opfer Abrahams – schächten be-

Die MARCO POLO Bitte

Marco Polo war der erste Weltreisende. Er reiste
in friedlicher Absicht, verband Ost und West.
Er wollte die Welt entdecken, fremde Kulturen kennen lernen,
nicht zerstören. Könnte er heute für uns Reisende nicht Vorbild
sein? Aufgeschlossen und friedlich sollte unsere Haltung auf
Reisen sein. Dazu gehören auch Respekt vor Mensch und Tier
und die Bewahrung der Umwelt.

STICHWORTE

Zeugnis vergangener Kulturen: seldschukische Brücke bei Aspendos

deutet nach jüdischem und moslemischem Ritus töten ohne Betäubung. Das Fleisch ist dann »koscher« (jüdisch) bzw. »helal« (traditionalistisch-islamisch). Ein Teil des Fleisches soll an Bedürftige verteilt werden. Im Fastenmonat Ramadan (neunter Monat des islamischen Mondjahres) hält sich die überwiegende Mehrheit der Moslems an das Gebot, zwischen Sonnenaufgang und Sonnenuntergang weder zu essen, zu trinken noch zu rauchen.

Sprache
Das in der Türkei gesprochene Türkisch gehört zur türkisch-tatarischen Sprachfamilie und erhielt während der osmanischen Periode zahlreiche persische und arabische Bestandteile. In den 1920er-Jahren kamen französische Ausdrücke hinzu – etwa *şoför* (Chauffeur) oder *kuaför* (Coiffeur, Friseur).

Zwar beschwören die türkischen Nationalisten die Einheit aller Turkvölker. Doch sprachlich ist die Verständigung untereinander meistens nicht möglich. Allein mit den Azeris (Azerbaidschan-Türken), die einen hochtürkischen Dialekt sprechen, können sich die Türken ohne größere Probleme unterhalten. Als Besucher kommt man in den touristischen Gegenden des Landes und in den Großstädten meistens mit Englisch oder Deutsch recht gut weiter.

Umweltschutz
Langsam bildet sich auch in der Türkei ein Umweltbewusstsein heraus; in den letzten Jahren haben sich Bürgerinitiativen gegründet, die sich mit den dringendsten Umweltproblemen beschäftigen: mit der Luftverschmutzung in den Großstädten und der drohenden Versteppung des Landes durch Erosionen. Etliche Gruppen kämpfen gegen den Goldabbau mit Hilfe hochgiftiger Zyankalilauge und den zunehmenden Öltankerverkehr im Bosporus.

ESSEN & TRINKEN

Mehr als nur Döner und Kebap

**Ein türkisches Abendessen
ist ein Erlebnis für Augen und Gaumen.
Die wichtigste Zutat: viel Zeit**

Die kulinarische Vielfalt der türkischen Küche kann es mit jedem anderen mediterranen Land aufnehmen: Sie ist auch für Mitteleuropäer gut verträglich und selten übermäßig gewürzt. Der Ursprung vieler türkischer Gerichte lässt sich in die Nomadenzeit der frühen Turkvölker zurückverfolgen, etwa die diversen Arten von in Lehmöfen gebackenen Brotsorten, die Joghurtspeisen oder Lammgerichte. Diese Traditionen verschmolzen später mit den Kochkünsten der kleinasiatischen Küstenkulturen, besonders ihrer Varianten der Fischzubereitung. In osmanischer Zeit kamen Einflüsse aus den balkanischen und arabischen Protektoraten dazu. Selbst aus römischer Zeit wurden einige Rezepte nachgewiesen.

Kennzeichnend für die türkische Küche ist die aufwändige und Zeit raubende Vorbereitung selbst einfach erscheinender Gerichte. Wer jemals einer türkischen Hausfrau bei der Zubereitung von gefüllten Kohl- oder Weinblättern (*dolma*, »das Gefüllte«) zugesehen hat,

*Krönung so manchen Abendessens
ist ein großer Obstteller mit
frischen, saftigen Früchten aller Art*

die nur einen halben Zoll dick sein dürfen, wird verstehen, dass sich die Türken abends für das gemeinsame Hauptmahl im Familienkreis oder in einem Gasthaus, *lokanta*, ausgiebig Zeit nehmen. Das Frühstück ist dagegen nicht sehr reichhaltig: Zu Weißbrot gibt es Schafskäse, Oliven und Marmelade. Mittags nimmt man meistens eine Suppe ein und isst danach ein Gemüsegericht.

In den Touristenhochburgen der Mittelmeerküste wurde die traditionelle Küche oft zu Gunsten internationaler Schnitzel-Einheitskost zurückgedrängt. Die reichhaltigen Buffets der Feriendörfer lassen jedoch nichts zu wünschen übrig.

Für manche sind die kalten Vorspeisen *(mezeler)* der Höhepunkt der türkischen Küche. Auf den sich biegenden Vorspeisentischen finden Sie Gemüse aller Art, meist in Olivenöl eingelegt, Krabben, Muscheln, Tintenfischringe, Humus (pürierte Kichererbsen), Saisonsalate und Blätterteigpasteten. In Tavernen darf zu *mezeler* der *rakı* (ein hochprozentiges, mit Anis aromatisiertes Traubendestillat) nicht fehlen. *Rakı* passt vorzüglich zu cremigem Schafskäse und Honigmelone.

19

Türkische Spezialitäten

Lassen Sie sich diese Köstlichkeiten gut schmecken!

acı – rote Pastete aus sehr scharfen Peperoni

ahtapot salatası – Tintenfischringe in Öl mit grünen Oliven

arnavut ciğeri – gebratene, kalte Leberstückchen mit Zwiebeln

baklava – hauchdünn ausgerollter, schichtweise mit Pistazien oder Walnüssen gefüllter Teig

balık ızgara – gegrillter Fisch in verschiedenen Varianten

biber dolması – mit Hackfleisch und Reis gefüllte Paprikaschoten

çerkes tavuğu – Huhnsalat, aufwändig nach Tscherkessenart mit Walnüssen zubereitet

çiğ köfte – scharf gewürzte, rohe Hackfleischbällchen: das einzige Gericht, das türkische Männer selbst zubereiten

helva – der berühmte »türkische Honig« ist die beliebteste Nachspeise, vor allem nach Fisch

iç pilav – Reisgericht mit Rosinen, Leber, Erbsen und je nach Bedarf mit weiteren Zutaten

işkembe corbası – Kuttelsuppe, die bevorzugt nach einem langen Zechabend gegen Morgen gegessen wird

iskender kebap – Dönerscheiben auf Fladenbrot mit Joghurt, übergossen mit Butter

kabak tatlısı – mit Zucker gekochter und geriebenen Nüssen bestreuter Kürbis

kaymaklı cevizli muz – Bananenscheiben mit Walnüssen und hausgemachter Sahne

köfte – ein Nationalgericht aus kleinen, gegrillten oder in der Pfanne gebratenen Hackfleischbällchen

kuzu tandır – Lammkeule aus dem Steinofen

mantı – eine Art Ravioli mit Knoblauchjoghurt und Minzblättern

muhallebi – Milchpudding aus Stärke, Reismehl und Reis

patlıcan kebabı – mit Hackfleisch gefüllte Auberginen, gegrillt

patlıcan salatası – Salat aus Schafskäse und auf Holzkohle gegrillten Auberginen

sigara böreği – Blätterteigröllchen mit einer Füllung aus Schafskäse und Petersilie

şiş kebabı – zarte Lammfleischstücke, gegrillt mit Tomaten, Zwiebeln und Paprika

ESSEN & TRINKEN

Die Türken erwarten von einem Gericht, dass es nach der Hauptzutat schmeckt und nicht von Soßen oder zu viel Gewürzen überdeckt wird. Lamm- und Rindfleisch werden darum meistens gegrillt oder am Spieß *(şiş)* sparsam gewürzt serviert. Dazu gibt es entweder Salat und Reis, Bulgur (grob geschroteter Weizen) oder Kartoffeln. Außer der Fastfoodvariante mit den dünn geschnittenen Döner-Scheiben im Brot *(pide)* gibt es Dutzende andere Zubereitungsmöglichkeiten für Fleisch. Aus Ostanatolien stammen die leckeren Variationen *patlıcan kebabı* (mit Hackfleisch gefüllte Auberginen am Spieß) oder *saç kebabı* (geschnetzeltes Lammfleisch mit Champignons und Tomaten, in der Pfanne gebraten). Geflügel gibt es meist aus dem Ofen. An den Küsten dominieren Fisch und Meeresfrüchte die Speisekarte. Empfehlenswert sind *fenerbalığı* (Seeteufel), *levrek* (Seebarsch), *lüfer* (Blaubarsch), *kalkanbalığı* (Steinbutt) und *palamut* (Thunfisch). An der Mittelmeerküste bekommt man auch frischen Hummer *(istakoz)*. Für die berühmte Schwarzmeersardine *(hamsi)* kennen die Nordküstenbewohner angeblich über 40 Arten der Zubereitung: Die Auswahl reicht von *hamsi*-Suppe bis zur *hamsi*-Nachspeise.

Auch der letzte Gang des Menüs birgt in der Türkei Überraschungen: Verschiedene Sorten von Blätterteiggebäck, mit Zuckersirup übergossene Pasteten und Schokopuddings gehören dazu.

Der Nachtisch wird bereichert durch ausgezeichnetes, saftiges Obst: Honig- und Wassermelonen, Weintrauben, Pfirsiche oder so seltene Genüsse wie schwarze Maulbeeren *(karadut)*. Am Schluss sollte ein Tässchen türkischer Mokka *(türk kahvesi)* stehen. Man bestellt ihn entweder *sade* (ungezuckert), *orta* (mittelsüß) oder *şekerli* (gesüßt).

Das türkische Nationalgetränk ist Tee *(çay)*. Er wird in kleinen, schlanken Gläsern serviert und nach Belieben mit Zucker gesüßt. In Großstädten wird auch gern löslicher Kaffee getrunken. Tafelwasser heißt *su*, mit Kohlensäure *soda*. *Ayran* wird aus Joghurt und Wasser gemixt. Ausländische Weine werden nur in sehr teuren, exklusiven Lokalen angeboten. Dafür sind die einheimischen Marken *Doluca* oder *Kavaklidere* solide Tischweine. Auch das Bier, besonders die Marke *Efes*, genügt höchsten Ansprüchen – schließlich wird es nach deutschem Reinheitsgebot gebraut. Nicht überall in der Türkei werden Alkoholika ausgeschenkt, das gilt vor allem für zentral- und ostanatolische Städte.

Man unterscheidet zwischen Restaurants *(restoran)* und *lokanta* oder *meyhane*, einfachen Esslokalen. Bei *birahane* handelt es sich um Bierhäuser, um die eine Frau besser einen Bogen macht.

In guten Restaurants erwartet Sie eine gepflegte Atmosphäre für ein ausgiebiges Abendessen. Typisch ist auch, dass eine ganze Heerschar Kellner bereitsteht. In *ocakbaşı* genannten Lokalen gibt es Gegrilltes *(ızgara)* von einem großen Grill *(mangal)*, der in der Mitte des Raumes steht. Hier wird das Urlaubsbudget nicht so arg strapaziert. In *pastahaneler* (Konditoreien) gibt es oft neben *baklava* auch Kuchen und Torten.

Wenn das Essen geschmeckt und die Bedienung gestimmt hat, hinterlässt man auf dem Tisch üblicherweise zehn Prozent Trinkgeld.

EINKAUFEN

Teppich, Leder und Alabaster

Wer in den Basaren feilschen will, muss Geduld und Humor mitbringen

Einkaufen in der Türkei erfordert Zeit und Aufmerksamkeit. Dazu gehört ausgiebiges Vergleichen: Auf dem Basar ist das besonders einfach, da hier die Geschäfte nach Gruppen zusammengefasst sind. Das Feilschen um eine Melone oder einen Sonnenhut ist in der Türkei so unüblich wie in Deutschland. In Einzelhandelsgeschäften gelten Festpreise. Dagegen sind Basarhändler und Inhaber typisch türkischer Andenkenläden bereit zu handeln (es sei denn, ein Schild weist auf das Gegenteil hin). Ein grober Verstoß gegen die guten Sitten ist es, um eine Ware zu feilschen, an der man kein echtes Interesse hat. Der Käufer sollte niemals als Erster einen Preis nennen. Sein Angebot sollte die Forderung des Händlers nicht um mehr als 50 Prozent unterschreiten, das wäre unhöflich. Bei größeren Einkäufen oder als Vorbereitung wird der Besitzer Sie zu einem Glas Tee oder einem anderen Getränk einladen. Haben Sie ruhig Mut zu verhandeln: Der Grundsatz jeglichen Feilschens

Teppiche in alt überlieferten Mustern sind ein begehrtes Souvenir. Die langwierige Knüpfarbeit ist in der Türkei Frauensache

lautet: Seien Sie hart in der Sache, aber stets freundlich im Umgang mit dem Verhandlungspartner.

Zu den beliebtesten Mitbringseln aus der Türkei gehören Kupfer- und Messingwaren, Silber- und Goldschmuck, Keramikarbeiten, Antiquitäten, Gegenstände aus Alabaster oder Onyx, Stickereien, Decken, Lederwaren – und natürlich handgeknüpfte Teppiche. Die besten Exemplare kommen aus Bergama, Konya, Kayseri und Uşak. Beim Kauf eines Teppichs sollte man auf folgende Qualitätsmerkmale achten: je mehr Knoten, desto wertvoller. Als Ausweis guter Arbeit sollte das Knotenmuster auf dem Rücken gleichmäßig erscheinen. Naturseide ist kostbarer als Kunstseide, Baumwolle wertvoller als Chemiefasern. Mit einem Geruchstest können Sie überprüfen, ob Kunstfasern beigemischt wurden: ein paar Fasern herausziehen und mit dem Feuerzeug verbrennen.

Der Schwierigkeitsgrad eines Teppichs zeigt sich unter anderem daran, ob das Muster einen häufigen Farbwechsel aufweist. Bitte bedenken Sie bei der Beurteilung des Preises auch, dass man für einen Quadratmeter hochwertigen Teppich rund 100 Knüpftage rechnet!

Feste, Events und mehr

Nicht nur zur Sommerzeit – Festivals haben das ganze Jahr Saison

Die Kulturhauptstadt der Türkei ist zweifelsohne İstanbul. Hier finden die meisten Festivals, Konzerte, Aufführungen statt. Das *İstanbuler Musikfestival* und die

Kinder in Tracht

Jazztage sind absolute Highlights im Sommer. Ab Mai verteilen sich die Festivitäten aber auch über das ganze Land. Lokale Feste und Festivals bieten einen bescheideneren, aber auch herzlicheren Rahmen. Informationen über die İstanbuler Festivals im Internet unter *www.istfest.org.* Karten gibt es bei *www.biletix.com.*

Offizielle Feiertage

1. Jan. *Yılbaşı*; **23. April** *Ulusal Egemenlik ve Çocuk Bayramı*, Fest der Nationalen Souveränität und der Kinder; **19. Mai** *Gençlik ve Spor Bayramı*, Fest der Jugend und des Sports; **30. Aug.** *Zafer Bayramı*, Siegesfeiern zum Ende des Unabhängigkeitskrieges 1922; **29. Okt.** *Cumhuriyet Bayramı*, Gründungstag der Türkischen Republik 1923

Religiöse Feiertage

Nach islamischem Mondkalender verschieben sich religiöse Feste jedes Jahr um 11 Tage nach vorn. 2002: 5.–7. Dez., 2003: 25. bis 27. Nov. *Şeker Bayrami* (Zuckerfest): dreitägiger Abschluss des Fastenmonats Ramadan. 2002: 22.–25. Feb., 2003: 11. Feb.–14. Feb. *Kurban Bayramı* (Opferfest: Das höchste islamische Fest dauert vier Tage.

Festivals

Januar
Kamelkämpfe in Kale/Myra. Sieger ist das Kamel, das alle anderen umgeworfen hat. Es wird streng darauf geachtet, dass sich kein Tier verletzt.

21. März
Newroz, ursprünglich das Neujahrsfest der Kurden, wird mittlerweile überall im Land gefeiert. Es werden große Feuer angezündet und fröhlich getanzt. Die Feiern künden zugleich den Frühlingsbeginn an.

April/Mai
Internationale Filmfestspiele İstanbul. Tausende strömen vor allem in die Kinos in Beyoğlu. Eine internationale Jury vergibt die »Goldene Tulpe«. Die Filme werden im Original mit Untertiteln gezeigt.

Mai
Folklore- und Musikfestival in Ephesos/Selçuk; Aufführungen in antiken Ruinen.
Internationales Theaterfestival İstanbul. Shakespeare und Brecht stehen auf dem Spielplan. Ab 2002 alle zwei Jahre.
Silifke Festivali glänzt an der Südküste mit den lokalen Folkloretänzen.

Juni
★ *Aspendos Opern- und Ballett-Festival.* Aufführungen in den Kulissen des grandiosen antiken Theaters.
Internationales Musikfestival İstanbul: Klassik vom Feinsten in exklusiven Orten wie der Kirche Hagia Irene am Topkapı-Palast.

Juli
Kırkpınar Güreşleri: Die traditionellen Ringkämpfe im Freien finden an der bulgarischen Grenze statt.

Auf dem *Nasreddin Hoca Festivali* in Akşehir werden Geschichten vom und über den Nationalschelm vorgetragen.
İstanbul wird auf den *Internationalen Jazztagen* Gastgeber für die Größten; Jamsessions in Sälen und Kellern.

September/Oktober
★ *Kunst-Biennale İstanbul.* Eine der wichtigsten Gegenwartskunstausstellungen in Europa. Findet alle zwei Jahre statt, die nächste 2003.

November
Efes Pilsen Bluesfestival. Vor allem US-Größen beglücken die Istanbuler Bluesfans. www.efespilsen.com.tr

12. Dezember
★ *Şeb-i-Aruz.* Am Todestag des Ordensgründers und Mystikers Rumi (Mevlana) führen die Derwische in Konya ihren meditativen Tanz auf.

Theaterkonzert bei Nacht in Side

Kurzbesuch in İstanbul

Orient und Okzident treffen sich auf zwei Kontinenten – İstanbul ist eine der lebendigsten Metropolen Europas

 Karte in der hinteren Umschlagklappe

Die auf zwei Kontinente gebaute 12-Millionen-Stadt ist das unbändige Herz der Türkei: heute Kulturmetropole, Finanz- und Wirtschaftszentrum, einst historische Hauptstadt großer Weltreiche. Als Konstantinopel war sie Hauptstadt des byzantinischen Imperiums, darauf folgten die Osmanen, die ihr den Namen İstanbul gaben.

SEHENSWERTES

Ayasofya (Hagia Sophia) [U D4]
★ Größte Basilika des byzantinischen Reiches, erbaut in den Jahren 532–537. Mehmed der Eroberer ließ sie in eine Moschee umwandeln und ihr vier Minarette hinzufügen. Heute ist sie ein Museum.

**Kapalı Çarşı
(Gedeckter Basar)** [U C–D4]
Ein Bummel durch den ★ größten gedeckten Basar der Welt gehört selbstverständlich zum Pflichtprogrammm jedes İstanbul-Besuchs: 30 ha groß, 61 Straßen, 4400 Läden. Zu kaufen gibt es vor allem Teppiche und Lederjacken, Kupfer, Silber und Gold.

**Sultanahmet Camii
(Blaue Moschee)** [U D5]
Die bekannteste Moschee der Stadt, gleich gegenüber der Hagia Sophia. Ihren Namen erhielt sie von den prachtvollen blauen Fayencen, die Wände und die sechs Minarette schmücken. Der Bau wurde 1616 vollendet.

**Yerebatan Sarayı
(Versunkener Palast)** [U D4]
Die palastähnliche byzantinische Zisterne wird von 336 Säulen getragen, meistenteils mit korinthischen Kapitellen (reich verzierter Kopf der Säule) geschmückt. Sie wurde 532 von Kaiser Justinian erbaut, um den Wassernotstand der Stadt zu beheben.

KURZBESUCH IN ISTANBUL

MUSEUM

★ Topkapı Sarayı
(Topkapi-Museum)   [U D–E4]
Sitz der osmanischen Herrscher für über 400 Jahre. Die Anlage ist nicht einem einzigen Bauplan entsprungen, sondern wuchs hinter den weitläufigen Mauern schrittweise zu dem verwirrenden Komplex aus Toren, Höfen und Pavillons.

Zu den ausgestellten Kostbarkeiten des Topkapı gehören Schmuck und Keramik, eine Waffensammlung, osmanische Miniaturen, Kalligrafien und Reliquien des Propheten Mohammed. Die verschiedenen Gebäude liegen inmitten schöner Parkanlagen. *Mi–Mo 9–17 Uhr*

ESSEN & TRINKEN

Boncuk   [U D2]
In einer turbulenten Restaurantgasse gelegen. Köstliche Fischgerichte. *Nevizade Sokak 19 (Beyoğlu), Tel. 0212/243 12 19, €€*

Hacı Baba   [U D2]
Gute klassische türkische Küche in netter Umgebung. *Istiklal Cadde 49 (Beyoğlu), Tel. 0212/244 18 86, €€€*

Orient House   [U C–D4]
Zum Essen gibt es eine große Bauchtanzshow. *Tiyatro Cadde 27 (Beim Großen Basar, Beyazit), Tel. 0212/51 61 63, €€€*

ÜBERNACHTEN

Ayasofya Pansiyonları   [U D4]
Mehrere Holzhäuser in einer kopfsteingepflasterten Gasse direkt am Topkapı-Palast. *65 Zi., Soğuk Çeşme Sokak (Sultanahmet), Tel. 0212/513 36 60, Fax 513 36 69, €€€*

Grand Hotel de Londres   [U D2]
Insider Tipp

Ein fast vergessener Zeuge der Istanbuler Belle Epoque. Die Zimmer, die sich hinter großen Flügeltüren verbergen, sind noch mit marmornen Waschtischen ausgestattet. Vom Fenster aus fällt der Blick auf das Goldene Horn, vom Bett aus auf die mit Rosen bemalte Stuckdecke. Das Ambiente des Hauses ist filmreif. *54 Zi., Meşrutiyet Cadde 11 (Tepebaşı), Tel. 0212/245 06 70, Fax 245 06 71, €€*

ZIELE IN DER UMGEBUNG

Kanlıca   [0]
Das ehemalige Dorf (heute ein Stadtteil von İstanbul) auf der asiatischen Bosporusseite mit schönem Blick aufs Wasser ist für seinen Joghurt und seinen exzellenten Mokka weithin berühmt. Kanlıca und das benachbarte Çengelköy konnten ihren dörflichen Charakter weitgehend bewahren – nur an den Sommerwochenenden wird es durch die zahlreichen Ausflügler recht voll. Am besten erreicht man Kanlıca auf dem Seeweg. Von Eminönü legen regelmäßig Fähren ab.

Ortaköy   [0]
Insider Tipp

Die schön restaurierten zweigeschossigen Häuser und die engen Gassen im Schatten der Bosporusbrücke lassen unter der Woche die verträumte Atmosphäre eines Kleinstadtviertels aufkommen. Kunsthandwerksläden, Cafés und Kneipen rund um die Moschee verwandeln Ortaköy am Wochenende in einen pulsierenden Ort. *15 Min. Fußweg vom Fähranleger Beşiktaş.*

Ausführliche Infos zu İstanbul finden Sie im MARCO POLO Band »İstanbul«.

WESTKÜSTE

Antikes Hinterland, bezaubernde Buchten

An die türkische Ägäisküste locken nicht nur Badefreuden: Nirgendwo finden sich so bedeutende Fundstätten des Altertums

Die West- oder Ägäisküste der Türkei ist eine bezaubernde Welt zwischen Antike und Badestrand. Von den Dardanellen bis nach Bodrum erstreckt sich eine 600 km lange, buchtenreiche Küstenlinie. Im Hinterland breitet sich sanftes Hügelland aus, dank dem Mittelmeerklima gedeihen Oliven, Wein und Tabak. Dieser 5000 Jahre alte Siedlungs- und Kulturraum wartet mit großartigen Resten aus der Antike auf; Troja, Ephesos und Pergamon sind nur einige Namen. Auch auf dem griechischen Festland gibt es nicht so viele altertümliche architektonische Zeugnisse. Eindrucksvolle Naturerscheinungen wie die Kalksinterterrassen von Pamukkale wechseln sich mit flotten Yachthäfen, mondänen Ferienanlagen und kleinen Fischerdörfern ab.

Die Menschen der Ägäisküste gelten als besonders freundlich, bescheiden und hilfsbereit.

Ausführliche Infos zur türkischen Westküste finden Sie im MARCO POLO Band »Türkische Mittelmeerküste«.

Die Ruinen von Ephesos sind die imposanteste Attraktion für Freunde des klassischen Altertums

Ankern, wo es schön ist: Bodrum

BODRUM

[116 C4] Was die Krim für die Russen, ist Bodrum (25 000 Ew.) für die Türken: ein traditionsreiches Synonym für die schönsten Wochen im Jahr. Es waren aus İstanbul emigrierte Schriftsteller, die der Stadt, dem antiken Halikarnassos, mit ihrer Burg und den weiß getünchten Häusern durch ihre Werke zu legendärem Ruf verhalfen. Die Bucht, die erleuchtete Burg und die malerische Hafenkulisse üben seit jeher eine magische Anziehungskraft aus. Im Laufe der Jahrhunderte hat Bodrum fast alle antiken Bauwerke eingebüßt. 377 v. Chr. verlegte der persische Statthalter Mausolos seine Residenz

BODRUM

Erzfeinde

Katastrophe versöhnte Griechen und Türken

Was dem einen sein Raki, ist dem anderen sein Ouzo. Doch trotz vieler Gemeinsamkeiten war die Lage zwischen Griechen und Türken lange gespannt. Paradoxerweise brachte erst eine große Katastrophe eine Annäherung der verfeindeten Brüder. Nach dem schweren Erdbeben in der Westtürkei 1999 zeigten sich die Griechen als wahre Nachbarn und halfen, wo sie konnten. Die Dankbarkeit in der Türkei führte dazu, dass seitdem wieder viele Griechen nach İstanbul kommen. Auch viele Türken würden gerne auf den griechischen Inseln Urlaub machen, wenn da nicht das Problem mit dem Visum wäre. Statt die neue Freundschaft zwischen den Nachbarn zu unterstützen, verhindert zurzeit die EU durch hohe Visahürden einen unkomplizierten Grenzverkehr zwischen der Türkei und Griechenland. Deshalb ist es auch für Touristen immer noch schwierig, zwischen den griechischen Inseln und dem türkischen Festland zu pendeln.

nach Halikarnassos. Er baute die Siedlung zu einer großen Stadt aus und befestigte sie mit einer 6 km langen Mauer, von der noch einige Reste zu sehen sind. Das Mausoleion, das Grabmal, das sich Mausolos noch zu Lebzeiten bauen ließ, gehörte zu den Antiken Sieben Weltwundern. Von dem 50 m hohen Monument blieben nur die Fundamente und ein tiefes Loch.

Eine unentdeckte Schönheit ist die Stadt nicht mehr. Im Sommer trifft sich in Bodrum die İstanbuler Schickeria, abends kann man ihre teuren Autos auf dem Boulevard oder vor den Openairdiskos sehen. Das »St. Tropez der Türkei« platzt beinahe vor Leben.

Anfang September findet das Bodrum Festivalı statt, ein Kunst- und Kulturprogramm mit vielen türkischen Stars, und im Oktober eine *gulet*-Regatta.

MUSEUM

Unterwasser-Museum

In der mittelalterlichen Kreuzfahrerburg von Bodrum befindet sich das erste und einzige *Unterwasser-Museum* der Türkei (Bodrum Sualtı Arkeoloji Müzesi). Die Glaskollektion ist die viertgrößte der Welt. Amphoren, Schmuck aus Gold und Elfenbein. *Di–So 8–12 und 13–17 Uhr*

ESSEN & TRINKEN

Baraz Kebap Salonu

Einer der besseren Kebap-Schnellimbisse. *Cumhuriyet Cadde 70,* €

Epsilon

Nicht nur eines der besten, auch das ruhigste Lokal in Bodrum. Im Hof eines Altstadthauses gelegen. *Türk Kuyusu Mah., Keleşçıkmazı 5, Tel. 0252/313 29 64,* €€€

WESTKÜSTE

Sünger
Das Sünger ist der Treffpunkt in Bodrum schlechthin. Die beste Pizza, freundliche Bedienung, gutes Preis-Leistungs-Verhältnis, junges Publikum. *Neyzen Tevfik Cadde 218, Tel. 0252/316 08 54,* €€

EINKAUFEN

Haupteinkaufszone ist die *Cumhuriyet Cadde*. Verkaufsrenner sind Lederwaren und Goldschmuck.

ÜBERNACHTEN

Antique Theatre Hotel
 Umwerfendes kleines Hotel mit wunderbarem Blick auf die ganze Bucht. Dafür allerdings nicht ganz billig. *19 Zi., Kıbrıs Şehitleri Cadde 243, Tel. 0252/316 60 53, Fax 316 08 25, www.antiquetheatre hotel.com,* €€€

Lavanta Village
Viel gerühmte kleine Hotelanlage mit ausgesucht geschmackvoll eingerichteten Zimmern und Suiten, die sich auf drei Häuser verteilen. Die Lage in der Bucht von Yalıkavak ist unübertrefflich. *19 Zi., Yalıkavak-Bodrum, Tel. 0252/ 385 21 67, Fax 385 22 90, www. lavanta.com,* €€

Su Otel
Hübsche, kleine Pension mit ruhigem Hof. Abseits vom Yachthafen. *12 Zi., Turgutreis Cadde/1201 Sokak, Tel. 0252/316 69 06, Fax 316 73 91, www.suhotel.net,* €€

FREIZEIT & SPORT

Tauchen
Anziehungspunkt für die Freunde der Welt unter Wasser: Die Küste vor Bodrum gilt als hervorragendes

---

MARCO POLO Highlights
»Westküste«

★ **Assos**
Pittoreskes Ägäis-Dorf mit Blick auf die griechische Insel Lesbos (Seite 36)

★ **Bozcaada und Gökçeada**

Noch sind die Inseln mit dem griechischen Flair ein Geheimtipp (Seite 36)

★ **Cumalıkızık**

So lebten die Untertanen des Sultans vor 700 Jahren. Kein zweites Dorf in Anatolien ist so gut erhalten (Seite 34)

★ **Ephesos**
Eine der schönsten antiken Städte der Welt (Seite 39)

★ **Gümüşlük**
Ein malerischer Hafen mit tollen Fischrestaurants (Seite 32)

★ **Pamukkale**
Warme Quellen speisen die Naturbassins der Kalksteinterrassen (Seite 40)

★ **Troja**
Seit mehr als 100 Jahren suchen Archäologen nach der Stadt Homers (Seite 37)

31

BURSA

Heiße Tanznacht in der großen Openairdisko Halikarnas in Bodrum

Tauchrevier. *Aşkın Diving, Paşa Tarlası Cadde 11, Tel. 0252/316 42 47, Fax 316 71 58, www.askindiving.com*

Yachtcharter
»Blaue Reise« werden die Törns auf komfortablen Motorseglern genannt. Dauer von einem Tag bis zu mehreren Wochen. Kapitän und manchmal auch Koch inklusive. *Nautilus Yachting, Nevzen Tevfik Cadde 224, Tel. 0252/316 68 35, Fax 316 42 54, www.nautilus-yachting.com. Preis: zwischen 200 und 360 Euro pro Person und Woche*

AM ABEND

🏃 Nach Bodrum fährt man gerade wegen des Nachtlebens. Es gibt Bars und Nightlifeangebote für jeden Geschmack. Die größte Openairdisko ist die legendäre *Halikarnas* mit Platz für 5000 Leute *(Cumhuriyet Cadde 178)*. Gleich daneben *(Hausnr. 175)* liegt das *Café Mavi*, Bodrums ältester Treffpunkt für junge Leute. **Die einzige Jazzkneipe von Bodrum heißt *Tiyatrom* und liegt in der *Barlar Sokak*.** *(Insider Tipp)*

AUSKUNFT

Turizm Bürosu
12 Barış Meydan (direkt vor dem Kastell), Tel. 0252/316 10 91, Fax 316 76 94

ZIELE IN DER UMGEBUNG

Gümüşlük [116 B4]
★ Ein entzückender kleiner Ort. Die Bewohner haben es geschafft, trotz der zahlreichen Tagesausflügler die Charakteristik des Dorfes intakt zu halten. Die Restaurants am Meer bieten das Beste an Fisch von der ganzen Halbinsel. Unbedingt versuchen muss man die nur hier servierte **Nachspeise *sıcak helva*.** *(Insider Tipp)* Eine nette Pension am Strand ist *Sysyphos (21 Zi., Tel. 0252/394 30 16, Fax 394 36 56, €)*. *Dolmuş ab Busbahnhof in Bodrum, Cevat Şakır Cadde, 20 km*

BURSA

[109 E4] Nach ihrer Eroberung durch die Osmanen im Jahre 1326

WESTKÜSTE

wurde Bursa zur ersten Hauptstadt des expandierenden Reiches. Den Sultanen verdankt das antike Prusa (so genannt nach König Prusias I. von Bythinien, 200 v. Chr.) den Namen Yeşil Bursa (»Grünes Bursa«). Viele der berühmten osmanischen Bauten – Moscheen, Medresen, Grabstätten – sind mit den blaugrünen İznik-Fayencen verkleidet. Aber auch sonst hat sich die Stadt am Fuße des 2543 m hohen Uludağ dank zahlreicher Gärten und Parks das Attribut grün verdient. Seit römischen Zeiten wird die Heilkraft der heißen Quellen von Bursa gerühmt. Die Thermalbäder befinden sich fast alle im Stadtviertel Çekirge.

Die westanatolische Provinzstadt (1,1 Mio. Ew.) ist nach der Republikgründung zu einer der bedeutendsten Industriestädte des Landes gewachsen. Aufgrund ihrer guten Lage (nahe am Marmara-Meer, schnelle Anbindung an İstanbul und Ankara) haben neben den traditionellen Textilfabriken – Bursa ist berühmt für seine Seidenverarbeitung – auch Großbetriebe wie Bosch oder Renault ihre Produktionsstandorte dorthin verlegt. Die weltweit bekannteste Erfindung aus Bursa ist der Kebap am drehenden Spieß (Döner, wörtlich: drehend).

SEHENSWERTES

Koza Hanı (Seiden-Basar)
Diese zweigeschossige Anlage dient schon seit über 500 Jahren als Handelszentrum für Seide. In den Monaten Juni und Juli bringen die Bauern Säcke mit weißen Seidenraupenkokons zum Spinnen dorthin. Fertige Seidenstoffe werden in den Basarläden verkauft. *Neben dem Ulu Camii-Park*

Ulu Cami (Große Moschee)
Die Hauptmoschee von Bursa, fertig gestellt 1400. Im Unterschied zu den Moscheen späterer Jahre besitzt diese nicht eine große Kuppel, sondern 20 gleich große, getragen von 12 Pfeilern im Innern. Beachtenswert ist die Gebetsnische mit acht Stalaktitenreihen, eine herausragende osmanische Steinmetzarbeit des 16. Jhs. *Atatürk Cadde*

Yeşil Külliye (Grüner Komplex)
Das Areal im Ostteil der Stadt besteht aus einer Moschee, einer Medrese (religiöse Hochschule) und der Türbe (Grabstätte) Mehmets I., des Bauherren dieser prachtvollen Anlage aus dem 15. Jh.

Die *Grüne Moschee* (Yeşil Cami), so benannt nach den grünen Fayencen, die die zwei Kuppeln und weite Teile der Innenräume bedecken, hat einen T-förmigen Grundriss. Die beiden Flügel dienten als Unterkunft reisender Derwische. Über dem Eingangsportal befindet sich die reich verzierte Sultansloge, in der Mitte der Eingangshalle plätschert leise ein aus einem Stück Marmor geschlagener Brunnen.

Die *Yeşil Türbe,* das 25 m hohe Mausoleum Mehmets I., befindet sich auf dem Hügel gegenüber. Der größte von neun Sarkophagen gehört dem Sultan, die übrigen sind Familienmitgliedern und hohen Angestellten des Hofes vorbehalten. Tatsächlich sind die Gräber leer, die Toten wurden in der Erde bestattet.

In der ehemaligen *Religionsschule* (Yeşil medrese), dem letzten noch erhaltenen Bau des »Grünen Komplexes«, befindet sich heute das *Museum für türkisch-islamische Kunst (Di–So 8.30–12.30 und 13 bis 17 Uhr).* Ausgestellt sind u. a.

33

BURSA

Mausoleum Mehmets I., Yeşil Türbe

Waffen, Kleider, Keramiken, Münzen, Kerzenständer und Intarsien.

ESSEN & TRINKEN

Cumurcul Restaurant
In historischem Bursa-Haus mit Blick auf die Stadt. Französische und türkische Küche, Fischgerichte. *Çekirge Cadde (Muradiye), Tel. 0224/235 37 07, €€*

Kebapçı İskender
Angeblich schlug hier im Jahre 1876 die Geburtsstunde des Kebap. *Ünlü Cadde 7 (Heykel), Tel. 0224/221 46 15, €€*

ÜBERNACHTEN

Thermal Hotel Gönlüferah
Gutes Mittelklassehotel, im Thermalviertel Çekirge. *70 Zi., 1. Murat Cadde 24, Tel. 0224/233 92 10, Fax 233 92 18, www.bursahotels.net, €€*

Hotel Montania
Das Haus steht im Hafenort *Mudanya*, 30 km von Bursa. Das Gebäude ist ein umgebauter alter Bahnhof, die Terrasse am Meer so groß wie ein Bahnsteig. *114 Zi., Eski Istasyon Cadde, Tel. 0224/544 60 00, Fax 544 60 05, €€€*

THERMALBAD

Das schwefel- und eisenhaltige Wasser soll gegen Rheuma und Gallensteine helfen. Das älteste Bad ist das *Eski Kaplıca* (Altes Bad). Es stammt aus dem 14. Jh. und liegt im Bäderviertel *Çekirge, Armutlu Meydan*, auf dem Gelände des *Kervansaray Hotels, Tel. 0224/233 93 00.*

AUSKUNFT

Turizm Bürosu
Orhangazi Parkı, Tel./Fax 0224/220 18 48

ZIELE IN DER UMGEBUNG

Cumalıkızık [109 E4]

★ Dieses kleine Dorf (10 km von Bursa) bietet eine Zeitreise in vergangene Jahrhunderte. Das Dorf ist so alt wie das Osmanische Reich: 700 Jahre. Cumalıkızık dient deshalb häufig als Filmkulisse. 260 uralte, windschiefe Fachwerkhäuschen prägen das Dorf. *Nach 8 km*

WESTKÜSTE

auf der Schnellstraße nach Ankara den Hinweisschildern folgen. Minibusse ab Busbahnhof Eski Garaj. Zum Übernachten gibt es zwei saubere Pensionen: *Hatçe'nin Yeri (5 Zi., Tel. 0224/372 93 51, €)* und *Mavi Boncuk (9 Zi., Tel. 0224/373 09 55, €).*

Uludağ [109 E4]
Auf den 2543 m hohen »Olymp Kleinasiens« führen zwei Wege: Östlich vom Stadtzentrum fährt eine Seilbahn *(teleferik)* in 40 Minuten hinauf in den Nationalpark. Mit dem eigenen Auto oder dem Dolmuş dauert die kurvenreiche Fahrt etwa genauso lang. Zwischen Januar und April tummeln sich die İstanbuler auf den Skipisten. Oben angekommen, reicht der Blick bei klarem Wetter bis İstanbul. Außerhalb der Skisaison eignet sich das Bergmassiv zu ausgedehnten Wanderungen durch das waldreiche Gebiet – auch ideal zum Picknicken –, allerdings gibt es keine ausgeschilderten Wanderwege. Auch im Sommer nicht die warme Kleidung vergessen!

ÇANAKKALE

[108 B4] Wo Marmara- und ägäisches Meer zusammenfließen, liegt Çanakkale (80 000 Ew.). Täglich verbinden Passagier- und Autofähren Çanakkale mit Eceabat und Kilitbahir auf der europäischen Seite.

Die Meerenge der Dardanellen besitzt seit der Antike eine bedeutende strategische Rolle. Zwei große Schlachten haben hier stattgefunden: die von Homer in der İliada erwähnten Trojanischen Kriege und die Schlacht an den Dardanellen im Ersten Weltkrieg. Dort erwarb sich Oberstleutnant Mustafa Kemal auch seinen legendären Ruhm. *Çanakkale ist Ausgangspunkt für Ausflüge nach Troja und zu den Ägäisinseln Bozcaada und Gökçeada.*

ESSEN & TRINKEN
Yalova Limanı
Hafenrestaurant mit Terrasse und Seeblick; serviert werden hier köstliche Fischspezialitäten. *Rıhtım Sokak, Tel. 0286/217 10 70, €€*

Skispaß auf Bursas Hausberg: das türkische Wintersportgebiet Uludağ

ÇANAKKALE

Endlose Sonnenblumenfelder säumen die Bucht von Çanakkale

ÜBERNACHTEN

Iliada Hotel
Ein kleines Hotel mit großem Garten direkt im Zentrum. *34 Zi., Yaykın Mev., Tel. 0286/484 77 78, Fax 484 78 58, €€*

AUSKUNFT

Turizm Bürosu
İskele Meydan 67, Tel./Fax 0286/ 217 11 87

ZIELE IN DER UMGEBUNG

Assos [108 A5]
★ Die Bucht von Assos (Behramkale, 1500 Ew., 50 km von Çanakkale) war lange Zeit ein Geheimtipp unter İstanbuler Künstlern. In den Sommermonaten kann es inzwischen zwar ziemlich voll werden, das Dorf ist aber immer noch die Perle am Golf von Edremit.

In der Antike war Assos ein berühmtes Wissenschaftszentrum. Auch Aristoteles hat dort drei Jahre gelehrt. Der dorische Athene-Tempel hoch über der Stadt stammt aus dem 6. Jh. v. Chr. Direkt am Hafen liegt das *Nazlıhan Hotel (20 Zi., İskele Meydan, Tel. 0286/721 70 64, Fax 721 73 87, €€).*

Bozcaada [108 A4]
★ Fast alle Ägäis-Inseln gehören zu Griechenland. Bozcaada und das größere Gökçeada sind zwei der wenigen Ausnahmen. Auf beiden Eilanden stellten die Griechen vor 80 Jahren noch die Mehrheit, dann wurden die meisten umgesiedelt. Heute wohnen auf Bozcaada nur noch wenige Griechen. Bekannt ist die stets windumtoste Insel für ihren Wein und den frischen Fisch. Viele İstanbuler haben in den letzten Jahren auf Bozcaada Häuser gekauft und sie liebevoll restauriert.

In der Bar *Salhane* kann man bis zum frühen Morgen am Wasser Drinks zu sich nehmen. Unter den vielen schlichten Pensionen der Insel ist das Haus einer Deutschen empfehlenswert: *Pansion Atamer, 4 Zi., Sümbül Sokak 38/39, Tel./Fax 0286/697 83 62, €*. Der flache Strand Ayazma auf der anderen Seite der Insel ist ideal für Kinder. *Autofähren zweimal tgl. ab Anleger Ezine, Fahrtzeit 50 Min.*

WESTKÜSTE

★ Troja [108 A4]

Das durch Homers »Ilias«-Epos berühmt gewordene Troja (türk. Truva, 20 km von Çanakkale) liegt an der Mündung der Dardanellen in die Ägäis. 3000 v. Chr. erstmals besiedelt, wurde Troja bis 500 n. Chr. neunmal zerstört und wieder aufgebaut. Heute ist nur die sechste Schicht zu besichtigen. Wer allerdings aufregende Spuren des Trojanischen Krieges zu sehen erwartet – oder gar Teile des sagenumwobenen Schatzes des Priamos –, der wird enttäuscht sein. Die von dem Deutschen Heinrich Schliemann 1870 begonnenen Ausgrabungen werden heute von dem Tübinger Archäologen Manfred Korfmann fortgesetzt. *Tgl. Exkursionen von Çanakkale mit Troy-Anzac Seyahat Acentası, Saat Kulesi Yanı, Tel. 0286/ 217 14 47, www.troyanzac.com*

İZMİR

[116 B2] Die drittgrößte Stadt der Türkei (2 Mio. Ew.) ist einer der wichtigsten Hafen- und Handelsplätze und Sitz des Südosteuropa-Hauptquartiers der Nato. Der Golf von İzmir zählt zu den schönsten Buchten der Ägäis – leider ist er heute durch Industrieabflüsse stark verschmutzt. İzmir – einst »Perle der Ägäis genannt – ist eine westlich geprägte Metropole, das industrielle und kaufmännische Herz der gesamten Küstenregion. Von dem alten griechischen Smyrna ist kaum mehr etwas zu sehen. Beim Rückzug der griechischen Truppen 1922 brannte die gesamte Altstadt nieder. Die palmenbestandene Promenade gibt es nur noch im Stadtteil Karşıyaka.

SEHENSWERTES

Basar

Der Anafartalar-Basar steht der Atmosphäre auf den İstanbuler Basaren in nichts nach. Die Werkstätten sind hinter den Verkaufsständen untergebracht. Berühmt sind die handgemachten Wasserpfeifen. Im Basarviertel liegen auch die drei ältesten Moscheen der Stadt, die Hısar Camii aus dem 16. Jh. sowie die Kemeraltı Camii und Şadırvan Camii aus dem 17. Jh.

Inside Tipp

Kadifekale

Das »Samtene Schloss« auf dem Pagos-Berg bietet eine schöne Aussicht auf Stadt und Bucht. Er-

Modell des Trojanischen Pferdes

İZMİR

baut von Alexander dem Großen erhielt das Bauwerk später Ergänzungen aus römischer und byzantinischer Zeit.

Kültür Park
Im »Kulturpark« nördlich des Basarviertels (Eingänge z. B. vom Lozan Meydan) kann man sich gut erholen. In der Mitte des Parks liegt ein See mit einem Bootsverleih. Am Wochenende ziehen Tausende von İzmirern unter die schattigen Palmen der Anlage.

MUSEUM

Arkeoloji Müzesi (Archäologisches Museum)
Insider Tipp
Sehr beachtenswerte Sammlung von wertvollen Fundstücken aus der Griechen- und Römerzeit. Besonders interessant ist die Statuensammlung im Erdgeschoss. *Birleşmiş Milletler Yokuşu, Di–So 8.30 bis 12.30 und 13.30–17.30 Uhr*

ESSEN & TRINKEN

Deniz Restaurant
Gediegenes Fischrestaurant am Kordon, Blick aufs Meer inklusive. Reichhaltiges Angebot an Vorspeisen. *Atatürk Cadde 188 b, Tel. 0232/422 06 01, €€*

Preiswert und lecker: Döner Kebap

Manisa Köftecisi
Insider Tipp
Berühmte »Bulettenschmiede«, seit 1870. *Kıbrıs Şehitleri Cadde 93/A, Alsancak Bulvar, Tel. 0232/464 49 48, €€*

ÜBERNACHTEN

Çağlar Pınar Otel
Eine bescheidene, aber saubere Bleibe im Stadtteil Alsancak. *16 Zi., Kıbrıs Şehitleri Cadde No. 3, Tel. 0232/463 92 23, Fax 464 10 28, €*

Kocaman Hotel
Solides Mittelklassehotel im Zentrum von İzmir. *77 Zi., Gaziler Cadde 1195 Sokak No. 2 (Yenişehir), Tel. 0232/433 00 65, Fax 433 98 48, €€*

AM ABEND

Aquamarin
In-Disko. Etwas außerhalb, neben dem Fähranleger Üçkuyular. *1880 Sokak 72 (Çakalburnu)*

Le Meyhane
Bar mit hauptsächlich jungem Publikum. *Atatürk Cadde 390, 1. Kordon (Alsancak)*

AUSKUNFT

Turizm Bürosu
Gazi Osmanpaşa Bul. 17 d (im Hotel Büyük Efes), Tel. 0232/489 92 78, Fax 274 22 14

ZIELE IN DER UMGEBUNG

Zu den angebotenen Tagestouren ab İzmir gehören die antiken Stätten Ephesos, Pergamon und Pamukkale, z. B. *über Akın Tour, Kizilay Cadde 5/3 (Alsancak), Tel. 0232/*

WESTKÜSTE

421 86 94. Die Preise variieren zwischen 25–50 Euro pro Person.

Çeşme [116 A2]

Badeort an der Spitze der gleichnamigen Halbinsel mit einem großen Angebot an Hotels, Restaurants, Freizeitmöglichkeiten und vielen Stränden in der Nähe. Stilvoll übernachten können Sie im Hotel *Kanuni Kervansaray (50 Zi., Kaleyanı, Tel. 0232/712 71 77, Fax 712 29 06, €€)*, einer Karawanserei aus dem 16. Jh. mit schönem Innenhof. Eine attraktive Lage bei den Ruinen der Burg und traditionelle türkische Küche bietet das *Kale Restoran* mit Gartenlokal *(Tel. 0232/712 63 01, €€)*. Hier kocht der Chef persönlich! Auskunft: *İskele Meydan 8 (am Hafen), Tel./Fax 0232/712 66 53.*

Besonders einladende Strände gibt es in dem nahe gelegenen Ort *Ilıca,* der auch für seine Thermalquellen bekannt ist. 2 km nördlich, mit eigenem Strand und Pool, liegt das *Hotel Kerasus (300 Zi., Ayasaranda, Tel. 0232/712 05 06, Fax 712 79 38, www.kerasus.com, €€).*

Busverbindungen zur Çeşme-Halbinsel ab İzmir von der Station am Fahrettin Altay Meydan. Zwischen Juni und Sept. nach Çeşme im Halbstundentakt (Fahrtzeit ca. 70 Min.)

Dilek Yanmadası Milli Parkı (Dilek-Nationalpark) [116 B3–4]

30 km südöstlich von Kuşadası liegt auf einer Halbinsel der Berg Samsundağ. Das wunderschöne Waldgebiet ist nur auf einer Schotterpiste zu befahren, es bietet einige Restaurants und Campingplätze. Unterkünfte auch in dem am Parkeingang gelegenen Dorf *Güzelçamlı* [116 B3–4]. Mittelmeerrobben und Schildkröten trauen sich an diesem Küstenabschnitt an Land, in den Schluchten wachsen Steineichen und Platanen, und im Nationalpark wurden sogar Wildpferde gesichtet. *Tgl. 9–17 Uhr*

Insider Tipp

Ephesos [116 B–C3]

★ Der Besuch der Ruinen *(Hauptsaison tgl. 8.30–19 Uhr; Nebensaison 10–16.30 Uhr)* der altgriechischen Stadt Ephesos (türk. Efes, 70 km von İzmir) gehört zu den Höhepunkten einer Türkeireise. Im Altertum lag das einstige Finanz- und Handelszentrum Kleinasiens mit einer Viertelmillion Einwohner noch am Meer. Durch Versandungen im Laufe der Zeit liegt es heute 10 km landeinwärts – nahe dem Städtchen Selçuk. Die Ruinen des monumentalen *Artemis-Tempels* aus dem 3. Jh. v. Chr. zählen zu den Sieben Weltwundern der Antike. Prachtvoll sind auch *Theater, Gymnasion (Sportstätte), Bäder, Agora* und die hervorragend rekonstruierte *Celsus-Bibliothek.* Apostel Paulus und der Evangelist Johannes sollen sich in Ephesos mehrere Jahre aufgehalten haben. Ganz neu zu besichtigen sind die Patrizierhäuser aus dem 1. Jh. n. Chr. Sie weisen das erste Heizungssystem der Welt auf.

In *Selçuk* sind besonders zwei Sehenswürdigkeiten zu erwähnen: die Reste der *Johannes-Basilika,* einer der größten byzantinischen Kirchen, und das *Archäologische Museum (tgl. 8.30–18.30 Uhr; hier befindet sich auch das Informationsbüro),* zu dessen Attraktionen die Artemis-Statuen gehören.

Ein solides Mittelklassehotel ist das *Pınar (40 Zi., Sehabettin Dede Cadde 14, Tel. 0232/892 25 61, Fax 892 30 33, €).*

İZMİR

Das *Marienhaus,* vermutlicher Sterbeort Marias, dessen Grundmauern aus dem 1. Jh. n. Chr. stammen sollen, liegt 7 km südwestlich von Selçuk und ist eine Wallfahrtsstätte für Muslime und Christen.

Foça [116 B2]
Das alte Fischerdorf hat trotz zahlreicher Neubauten seinen Charme bewahrt. Die vorgelagerten Inseln eignen sich ausgezeichnet für einen abgeschiedenen Picknickausflug. Empfehlenswert ist das *Hotel Amphora (18 Zi., 3 Apts., İsmetpaşa Mah. 208. Sokak 7, Tel. 0232/812 28 06, Fax 812 24 83, amphorah@superonline.com, €€).* Auskunft: *Turizm Bürosu, Atatürk Mah., Tel. 0232/812 12 22*

Kuşadası [1116 B3]
Neben Bodrum und Marmaris ist Kuşadası (40 000 Ew., 80 km von İzmir) eine der Touristenhochburgen der Ägäis. Der Bauboom der vergangenen Jahrzehnte hat nicht zur Verschönerung dieses Küstenabschnitts beigetragen. Dafür hat Kuşadası eine Menge zu bieten: Sport- und Freizeitmöglichkeiten, Hotels aller Größe und Güte, einen modernen Yachthafen, sehr gute Lokale und ein vielseitiges Nachtleben. Nicht zu vergessen die antiken Sehenswürdigkeiten der Umgebung, deretwegen viele Besucher nach Kuşadası kommen. Ziele wie Ephesos, Milet oder Pamukkale lassen sich von hier aus gut ansteuern.
Kazım Usta (Balıkçı Limanı, Tel. 0256/614 12 26, €€) ist *das* Fischrestaurant von Kuşadası und steht direkt am Hafen. Das schönste Hotel auf der Akyar-Halbinsel heißt *Kısmet (100 Zi., Akyar Kuşadası, Tel. 0256/618 12 90, Fax 618 12 95, www.kismet.com.tr, €€€).* Es verfügt über einen eigenen Strand und Anleger. Dort machen Majestäten aus aller Welt regelmäßig fest. Die letzte Besitzerin des Hotels war eine echte osmanische Prinzessin.

Milet und Didyma
Gut 100 km von İzmir entfernt liegen zwei weitere berühmte antike Stätten: Milet **[116 B4]** war einst die größte aller ionischen Städte, eine blühende Handelsstadt mit gut 80 000 Einwohnern. Sie lag früher auf einer Halbinsel, jetzt 10 km landeinwärts. Aus den Ruinen sticht das Theater hervor, der Rest ist im Pergamon-Museum in Berlin.

Didyma (türk. Didim), 18 km von Milet **[116 B4]**, ist die größte antike Tempelanlage der Türkei. Das Orakel des Apollotempels von Didyma war so berühmt wie das in Delphi. Viele Statuen befinden sich heute im Besitz des British Museum in London.

Pamukkale [117 E3]
★ Das »Baumwollschloss« bei der Stadt Denizli (235 km von İzmir)

Bunte Häuserwand in Pergamon

WESTKÜSTE

war lange ein faszinierendes Naturschauspiel: schneeweiß leuchtende, terrassenartige Kalksteinbassins, geformt durch die Ablagerungen des kalkhaltigen Thermalwassers. Die heilende Wirkung des 33 Grad warmen, kalziumbikarbonathaltigen Wassers haben schon die Römer, die hier im 2. Jh. n. Chr. die Stadt *Hierapolis* bauen ließen, zu nutzen verstanden – es soll Herz-Kreislauf-Problemen vorbeugen. Lohnend ist auch die Besichtigung des Theaters von Hierapolis sowie die nördlich gelegene Nekropole, die zu den größten in der Türkei zählt.

Durch den Besucheransturm und den Wasserbedarf der zahlreichen Hotels haben sich die Terrassen in den vergangenen Jahren dunkel verfärbt und drohten auszutrocknen. Seit 1997 ist das Betreten des Naturdenkmals nicht mehr erlaubt, in der Hoffnung, dass das Weiß wieder zum Vorschein kommt. Thermalquellen zum Baden bieten aber auch weiter außerhalb gelegene Hotels, z. B. *Spa Hotel Colossae Thermal (102 Zi., Karahayit-Pamukkale, Tel. 0258/ 271 41 56, Fax 271 42 50, €€)*.

Eine Märchenwelt aus Kalk und Wasser: Pamukkale

Pergamon [Bergama]   **[116 B1]**
Die Ruinen der antiken Stadt Pergamon liegen auf einem Berg, der über der türkischen Stadt *Bergama* (46 000 Ew., 100 km von İzmir) aufragt. Hier war das Zentrum des mächtigen Pergamenischen Reiches (263–133 v. Chr.), wo Handel und Künste blühten. Berühmt war die 200 000 Schriftrollen umfassende Bibliothek der Stadt. Das Pergament (wörtlich: »Papier aus Pergamon«, besonders behandelte, hauchdünne ungegerbte Tierhaut) wurde hier erfunden. Der imposante Relieffries des Altars befindet sich heute bekanntlich im Berliner Pergamonmuseum. Vergeblich haben sowohl die türkische Regierung als auch die Bewohner von Bergama in der Vergangenheit versucht, dieses Prunkstück, das Ende des 19. Jhs. von Karl Humann fortgeschafft wurde, zurückzubekommen. Dieser Streit ist noch nicht zu Ende.

Aber auch ohne Altar gibt es noch viel zu bewundern: insbesondere die aus mehreren Terrassen bestehende *Akropolis* und das an ihrem Hang steil abfallende riesige ⚜ *Theater*. Auf den 80 Sitzreihen des Auditoriums fanden bis zu 15 000 Menschen Platz. Von dort haben sie einen wunderbaren Blick auf die Ebene und das Meer.

41

SÜDKÜSTE

Wie Perlen an einer Schnur

Das Angebot der »Türkischen Riviera« für Sonnenanbeter und Kulturinteressierte ist kaum zu übertreffen

Die Antwort auf die Quizfrage »Kennen Sie eine türkische Stadt mit A?« würde in Deutschland in acht von zehn Fällen wohl Antalya und nicht Ankara lauten. Antalya kennen auch diejenigen, die noch nie dort waren – und das können so viele nicht sein. Jedes Jahr besuchen rund 3 Mio. Touristen allein Antalya und Umgebung – über die Hälfte sind Deutsche. Die 800 km lange türkische Mittelmeerküste ist ein Publikumsrenner.

Kanutour in der Bucht von Patara

Dieser Landstrich ist gesegnet mit einer schier unübersehbaren Zahl von Fundstätten des Altertums und Küstenorten, die auch im großen Ferienansturm nichts von ihrer Faszination verlieren. Im Hinterland scheinen die bis zu 3000 m hohen Gipfel des Taurus-Gebirges auf. In dem subtropischen Klima gedeihen sowohl Zitrusfrüchte als auch Bananen, Regen fällt nur selten, und die Saison dauert vom Frühjahr bis Anfang Dezember.

Der erlesenste Abschnitt der türkischen Mittelmeerküste liegt zwischen Marmaris und Antalya: das antike Lykien, das um 1400 v. Chr.

Blick auf Alanya: Die Seldschukenfestung krönt die Bergspitze

seine größte Ausdehnung hatte. Klippen, Halbinseln, Traumstrände und fischreiche Lagunen wechseln sich an der Küste ab. Die Pinienwälder reichen oft bis ans Wasser, die versteckten, kleinen Buchten sind von Land aus manchmal nur auf einer Schotterpiste zu erreichen. Über die Baukunst der Lykier stolpert man förmlich: Sarkophage stehen noch zu Tausenden im Wasser oder auf Wiesen herum. Auch von gut erhaltenen Felsgräbern wird man von Ort zu Ort begleitet.

Nach der lykischen folgt weiter östlich die »raue kilikische Küste« um Alanya, wo die trockenen Flanken des Taurus schroff ins Wasser abfallen. Das subtropische Ostküstenklima bietet ideale Voraussetzungen für einen Winteraufenthalt;

ALANYA

im Hochsommer kann es dagegen unerträglich heiß sein.

Ausführliche Infos über die türkische Südküste finden Sie im MARCO POLO Band »Türkische Mittelmeerküste«.

ALANYA

[118 C5] Trotz aller Bausünden hat Alanya (100 000 Ew.) seinen Reiz. Hoch über allen Ferienwohnungen und Hotels taucht der Burgfelsen auf – die Seldschukenfestung mit ihren kilometerlangen Mauern und 146 Türmen ist das Wahrzeichen der Stadt. Wer Abwechslung von den endlos langen Stränden sucht, kann in die idyllische Bergwelt unterhalb des 2647 m hohen Ak Dağı ausweichen.

SEHENSWERTES

Damlataş Magarası (Tropfsteinhöhle)
Wegen des hohen Anteils an Kohlensäure und natürlicher Radioaktivität besagt ein Aberglaube, dass sich ein Besuch dieser Höhle besonders für Asthmakranke lohne. Einige Stalaktiten (hängende Tropfsteinformationen) sind 15 m lang. *Am Nordwestfuß des Burghügels*

Festung
Von der westlichen Seite der hoch aus dem Meer ragenden Zitadelle hat man einen wunderbaren Rundblick. Imposant ist der *Rote Turm* (Kız Kulesi), ein achteckiger, 35 m hoher Wehrbau, der eine zentrale Funktion in der Stadtbefestigung einnahm.

Sehenswert ist auch die davon südlich gelegene seldschukische *Werft* (Tersane) aus dem Jahr 1227, auf der noch vor gut 50 Jahren Boote gebaut wurden.

ESSEN & TRINKEN

Maldan
Auf einer Terrasse mit Hafenblick. Besonders lecker: Fisch in Knoblauchsoße. *Kale yamacı, Tel. 0242/ 513 26 67,* €€

Jugendliche beim Fußballmatch am Strand von Anamur

SÜDKÜSTE

MARCO POLO Highlights »Südküste«

★ **Aspendos**
Das fast unversehrt erhaltene antike Theater hat auch nach 1800 Jahren eine einwandfreie Akustik (Seite 47)

★ **Blaue Reise**
Von Antalya und Marmaris starten die Holzyachten zur romantischen Tour auf See (Seite 47, 52)

★ **Dalyan**
Das Dorf liegt einmalig zwischen schilfbewachsenem Binnensee, Felsgräbern und Strand (Seite 53)

★ **Olympos**
Einer der schönsten Strände der Türkei, dahinter die Ruinen des antiken Olympos (Seite 51)

★ **Patara**
Der feine Sandstrand ist 18 km lang, einen halben Kilometer breit und besitzt sogar Dünen (Seite 50)

★ **Ölüdeniz**
Die berühmteste Bucht der Türkei (Seite 49)

ÜBERNACHTEN

Kaya Hotel
Eines der ältesten und bewährtesten Hotels der Stadt. *108 Zi., Saray Mah./Atatürk Cadde 240, Tel. 0242/512 22 70, Fax 512 35 13, www.kayatourism.com.tr, €€*

AUSKUNFT

Turizm Bürosu
Kalearkası Cadde, Tel. 0242/ 513 12 40, Fax 513 54 36

ZIELE IN DER UMGEBUNG

Gedevet [118 C5]
〰️ Hoch auf dem Gedevet-Berg (1010 m) liegt das gleichnamige Dorf (20 km von Alanya), das eine phantastische Aussicht auf das Meer und angenehm kühle, klare Luft bietet. Eine hübsche Pension mit Ferienwohnungen ist *Kartal Yuvası Apart Otel (12 App., Tel./ Fax 0242/513 71 83, €)*. Zahlreiche Wege laden zum Wandern ein.

Anamur [119 D6]
Die südlichste Spitze der Türkei (130 km von Alanya) war schon in der Antike ein wichtiger Hafen: Die Griechen errichteten hier das alte *Anemourion* (Ruinenstätte, 8 km westlich vom heutigen Anamur). Die östlich von Anamur direkt am Meer gelegene Festung *(Mamure Kalesi, Di–So)* wurde im 13. Jh. von Armeniern erbaut und später von Byzantinern und Kreuzrittern erweitert. 36 Türme sind vollständig erhalten. Beim Stadtteil *İskele* befinden sich 13 km Strand, Camping-

ANTALYA

plätze und kleine Pensionen. Hier wachsen köstliche Bananen, doch weil Importbananen aus Südamerika billiger sind, mussten viele Farmer ihre Plantagen niederbrennen. Eine komfortable Bleibe ist das *Vivanco Hotel (66 Zi., Anamur, Kalebidi Meydan Boyyazı, Tel. 0324/ 851 42 00, Fax 851 22 91, €€)*.

Manavgat-Wasserfälle [118 B5]
Die Wasserfälle sind ein beliebtes Ausflugsziel, dem man sich von Manavgat aus auch auf dem Wasser nähern kann (Bootsanleger an der Flussbrücke). Trotz des Trubels hat der Platz seinen Charme: In den schattigen Restaurants am tosenden Wasser schmecken frische Forellen. *(Insider Tipp) Bus- und Dolmuşverbindungen von Side (10 km) und Alanya (50 km)*

ANTALYA

[118 A5] Die phantastische Lage Antalyas lockt jährlich Millionen Besucher an: Die Stadt (500 000 Ew.) legt sich um den innersten Winkel des gleichnamigen Golfs, dahinter die schneebedeckten Gipfel des Taurus, im Westen brechen die lykischen Berge steil ins Meer ab. Die türkische Riviera-Metropole ist in den vergangenen Jahren zu einer Großstadt angewachsen. Der reizvolle Charakter der Altstadt von Antalya ist trotz des großen Ansturms von Touristen erhalten. Die Gassen mit ihren hübschen Erkerhäusern und die Hafenanlage verströmen mediterrane Atmosphäre. Der Hafen wurde in den 1980er-Jahren restauriert und bekam dafür den »Goldenen Apfel« des Europarats. Hier gibt es sehr schöne Pensionen.

SEHENSWERTES

Hadrianstor
Das dreibogige Hadrianstor aus römischer Zeit war einst Bestandteil der Stadtmauern. Die marmornen Bogenöffnungen sind reich mit Ornamenten verziert. *Atatürk Cadde*

Die tosenden Manavgat-Wasserfälle laden ein zu erfrischender Rast

SÜDKÜSTE

Yivli Minare

Das »gefurchte Minarett« von 1219 ist das Wahrzeichen Antalyas. Der kannelierte und mit blauen Steinen verzierte, 37 m hohe Turm gehört zu einer von den Seldschuken zur Moschee umgebauten byzantinischen Kirche. *Cumhuriyet Cadde*

ESSEN & TRINKEN

Hasanağa

In diesem ruhigen Gartenlokal werden manchmal Livedarbietungen von türkischer Volksmusik präsentiert. *Kaleiçi Mescit Sokak 15, Tel. 0242/242 81 05*, €€

29

Das bekannteste Restaurant liegt auf einem Felsvorsprung im Wasser. Dazu gehört die nicht minder bekannte Disko *Club 29*. *Kaleiçi Yat Limanı, Tel. 0242/241 62 60*, €€€

Teegärten

☙ *Tophane* und *Mermerli (Cumhuriyet Cadde an der alten Stadtmauer)* haben einen schönen Blick auf den Hafen und bieten preiswerte Imbisse an.

ÜBERNACHTEN

Antares Hotel

☙ 4 km außerhalb der Stadt gelegen, mit eigenem Strand und Blick aufs Meer. *33 Zi., Lara Cadde 1537 Sokak No. 16, Tel. 0242/ 323 22 44, Fax 323 22 47*, €€

Ninova Pension

Restaurierte Herberge mit Holzerkern, in der Innenstadt. *19 Zi., Barbaros Mah. Hamit Efendi Sokak 9, Tel. 0242/248 96 84, Fax 248 61 14, www.ninova.com*, €

Tütav Türk Evi

Meisterlich restauriertes Altstadthaus mit Pool im Patio. *20 Zi., Mermerli Sokak 2 (Kaleiçi), Tel. 0242/ 248 65 91, Fax 241 94 19, www. tutavturkevi.com*, €€€

FREIZEIT & SPORT

Rafting

Wildwasserabfahrten werden für den Köprüçay-Fluss angeboten. *Med Raft, Konyaaltı Cadde, Derya Apt. A Blok 68/16, Tel. 0242/ 248 00 83, Fax 242 71 18*

Yachtcharter

★ Bootstouren, im Türkischen auf den poetischen Namen *mavi yolculuk*, »Blaue Reise«, getauft, gehören zu den schönsten Urlaubsvarianten der türkischen Südküste. *Deniz Yat, Büyük Liman Setur Marina, Tel. 0242/259 19 00, Fax 259 19 06*

AM ABEND

Club 29

Freiluftdisko für 2000 Menschen auf dem Areal des gleichnamigen Restaurants am Hafen.

Mr White's Bar

Antalyas größte Bar. Jeden Abend Livemusik. *İskele Cadde 31–33*

AUSKUNFT

Turizm Bürosu

Mermerli Sokak (Kaleiçi), Tel./Fax 0242/247 05 41

ZIELE IN DER UMGEBUNG

Aspendos [118 A5]

★ Das Theater von Aspendos (50 km von Antalya) zählt zu den am

FETHIYE

Kein antikes Theater in der Türkei ist so gut erhalten wie das von Aspendos

besten erhaltenen der ganzen Antike und umfasst 30 000 Sitze. Im Juni findet vor dieser historischen Kulisse ein Ballett- und Opernfestival statt.

Sehenswert sind auch die Reste eines römischen *Aquädukts,* die Sie nach ein paar Schritten von einer kleinen Anhöhe – nahe dem Theater – aus sehen können.

Köprülü Kanyon Milli Park (Köprülü-Cañon-Nationalpark) [118 B4]

Insider Tipp

Diese Naturlandschaft (50 km von Antalya) ist eine wunderbare Abwechslung zum Strandleben. Über den oberen Teil der Schlucht führt eine schmale Steinbrücke *(köprü)* aus römischer Zeit. Unten, am sprudelnden Köprüçay-Fluss, haben sich Restaurants angesiedelt. Wer ohne Kanu kommt, kann in dem klaren, leuchtend blauen Wasser baden. Die Temperatur steigt allerdings nie über 20 Grad.

10 km weiter oben liegen die Reste des antiken Theaters von Selge auf einem atemberaubenden Höhenzug. Die Bewohner des Plateaus nutzen heute noch Teile der terrassenförmigen Anlagen für ihre Landwirtschaft.

Termessos [117 F4]

In einer Höhe von 1000 m zwischen steilen Kalkfelsen liegt die antike Stadt Termessos, von Alexander dem Großen »Adlernest« genannt. Zu den sehenswerten Ruinen gehören ein Theater, die Agora und eine Nekropole. *Dolmuş und Touren von Antalya aus (30 km)*

FETHIYE

[117 E5] Dieser größte Ort der lykischen Küste liegt an einem malerischen Meeresgolf. Durch ein Erdbeben 1957 wurden weite Teile der Altstadt zerstört. Mit seinem regen

SÜDKÜSTE

Nachtleben erinnert Fethiye an Bodrum. Die große Marina ist zugleich Ausgangspunkt für »Blaue Reisen«.

SEHENSWERTES

Felsgräber
Lohnend sind die Gräber von Fethiye, sie gelten als die besterhaltenen ihrer Art. ⬇ Eine Treppe an der Kaya Cadde (in der Nähe der Busstation) führt zum schönsten und größten Felsgrab hinauf, zum *Grab des Amyntas*. Lykier begruben ihre Toten lieber hoch über statt in der Erde – so waren sie den Göttern am nächsten. Erleben Sie dort oben die Abenddämmerung, wenn die Felsen rötlich schimmern.

ESSEN & TRINKEN

Rafet
Schon seit den 1950er-Jahren eine bewährte Adresse an der Hafenpromenade. Fischspezialitäten und türkische Küche. *Kordon Boyu, Tel. 0252/614 11 06,* €€

ÜBERNACHTEN

Montana Pine Resort
Gediegene Hotelanlage, 9 km außerhalb von Fethiye. *159 Zi., Ovacık Köyu, Tel. 0252/616 71 08, Fax 616 64 51, www.montanapine. com,* €€€

AUSKUNFT

Turizm Bürosu
İskele Meydan, Tel. 0252/612 19 75, Fax 614 15 27

ZIELE IN DER UMGEBUNG

Ölüdeniz [117 E5]
★ Diese Bucht (15 km von Fethiye) gehört zu den Naturschönheiten des Landes: eine azurblaue

Platz an der Sonne

Die »Blaue Reise« ist die angenehmste Art, die Küste kennen zu lernen

Es begann im Jahr 1925: Der Schriftsteller Cevat Şakir Kabaağaçlı wurde von İstanbul nach Bodrum in die Verbannung geschickt. Schon damals empfand der Künstler das nicht als Strafe und erlebte die produktivste Phase seines Lebens. Wenn Freunde zu Besuch kamen, lud er sie zu Bootsfahrten entlang der Küste ein. So entdeckten die türkischen Intellektuellen das humanistische Erbe der Griechen in Anatolien – die »Blauen Reisen« begannen. Heute gehört die *mavi yolculuk* zu den beliebtesten Urlaubsformen der türkischen Südküste. Hunderte von Veranstaltern schippern Gäste aus Europa zu besonders schönen Buchten. Die behäbig wirkenden Holzyachten haben zwar noch die volle Takelage, fahren aber meist mit Motor. An Bord sorgt ein Koch für die Verpflegung, der Kapitän hält an, wo es seinen Passagieren beliebt.

FETHIYE

Einfach paradiesisch: die Naturschönheit Ölüdeniz bei Fethiye

Lagune mit weiß leuchtendem Sandstrand, eingefasst von einem grünen Baumgürtel. Es gibt hier zahlreiche Hotels, z. B. *Ölüdeniz Resort Hotel (172 Zi., Tel. 0252/ 617 00 20, Fax 617 00 90, www. oludenizresort.com, €€€)*. Von Ölüdeniz fahren Dolmuş-Boote ins

Insider Tipp ★ *Schmetterlingstal* (Kelebek Vadisi). Diese Bucht verdankt ihren Namen einer gigantischen Schmetterlingskolonie, die die Hänge bevölkert. Nach einer Klettertour – nichts für Anfänger – kann man die Insekten, die Bäume und Felsen wie ein bunt leuchtender Schleier überziehen, aus der Nähe betrachten. Der Platz wurde 1995 unter Naturschutz gestellt.

Patara [117 E6]

★ Auf der Küstenstraße nach Kaş sieht es auf einmal aus, als ob die Wüste auf das Meer trifft: Dort dehnt sich der Strand Patara (80 km südöstlich von Fethiye) auf 18 km Länge und 600 m Breite aus. Hinter den Dünen liegen die Ruinen des lykischen Hafens Patara. Bei Ausgrabungen wurden aus verschiedenen Epochen freigelegt: ein Theater, ein Stadttor und eine Schiffswerft.

Saklıkent Kanyon [117 E6]

Ein begehbarer Cañon, der sich tief ins Gebirge schneidet und dem ein klarer, eiskalter Fluss entspringt. Das eindrucksvolle Naturschauspiel begeistert besonders die Jüngsten!
40 km südöstlich von Fethiye

Xanthos (Kınık) [117 E5]

Die Ruinenstätte beim Dorf Kınık (50 km südwestlich von Fethiye) war einst die wichtigste Stadt Lykiens. Einzigartig sind die Pfeilergräber wie das Harpyien-Monument (um 480 v. Chr.): Die Urnen befinden sich oben auf einem frei stehenden Sockel. Harpyien sind Vogeldämonen, die die Toten in den Himmel trugen. Des Weiteren

SÜDKÜSTE

zu sehen: eine gut erhaltene Stadtmauer, ein Theater, Reste der Akropolis. Im British Museum in London befindet sich das Original des berühmten Nereidengrabmals, eines Tempels.

KAŞ

[117 E6] Auch an diesem Ort boomt es inzwischen. Aber die griechischen Altstadthäuser von Kaş (5000 Ew.) mit den überdachten Holzbalkonen haben immer noch Charme. Von den Hafenterrassen aus kann man ins Wasser springen und abends im Lichterzauber des Hafens vorzüglich Fisch essen. Sehenswert sind der *Hyposorion-Sarkophag* vom Ende des 4. Jhs. v. Chr. und die Reste des hellenistischen *Theaters* im Westen der Stadt.

ESSEN & TRINKEN

Eriş
Spezialitäten aus dem Meer (darunter auch leckere Hummer und Krabben) in einem gekonnt restaurierten Altstadthaus. *Uzun-çarşı Cadde/Ara Sokak, Tel. 0242/ 836 21 34, €€*

Mercan
Mit Blick auf den Hafen. Spezialität des Hauses ist Schwertfisch, vor den Augen der Gäste gegrillt. *Yat Limanı, Tel. 0242/836 12 09, €€*

ÜBERNACHTEN

Club Antiphellos
5 km außerhalb der Stadt in grüner Umgebung gelegen, mit eigenem Strand. *16 Zi., Çukurbağ Yarimadas Gazeteciler Sitesi, Tel. 0242/ 836 26 51, Fax 836 26 54, €€*

AUSKUNFT

Turizm Bürosu
Cumhuriyet Meydan 5, Tel./Fax 0242/ 836 16 95

ZIELE IN DER UMGEBUNG

Kekova **[117 E6]**
Von Kaş aus fahren Boote (2,5 Std.) hinaus nach *Kale/Simena*. In der vorgelagerten Bucht liegt eine »versunkene Stadt«: Säulen, Treppen und Mauerzüge werden im klaren Wasser sichtbar. Ein Museum für Taucher!

Vor einigen Jahren war das gegenüberliegende Fischerdorf *Kaleköy* (das antike Simena) – überragt von einer mittelalterlichen Burg – noch weitgehend unentdeckt vom Fremdenverkehr. Hier haben Sie absolute Ruhe, keine Disko weit und breit. Dafür fließt nicht immer Strom und warmes Wasser. Die *Kaya Pansiyon* ist zu empfehlen *(6 Zi., Tel. 0252/616 72 95, €)*.

Olympos **[118 A5]**
★ 🏃 Verwunschene Ruinenstätte (110 km von Kaş) mit einem langen Kieselstrand. Gut eine Stunde Fußmarsch entfernt befindet sich die aus der griechischen Mythologie bekannte Stätte *Chimaira*, wo durch Gas gespeiste ständige Erdfeuer brennen. In der Antike vermutete man hier den Aufenthaltsort des Feuer speienden Drachens Chimäre. *Auf der Panoramastraße Richtung Antalya 3 km vor Ulupınar Richtung Çıralı, ein gelbes Schild weist auf Olympos hin, das an der Mündung des Ulupınar Cayı liegt.*

MARMARIS

Ausflugsboote fahren durch das Schilfgebiet des Dalyan-Flusses bei Kaunos

MARMARIS

[117 D5] Wenn der Sommer kommt, verwandelt sich dieses Hafenstädtchen (26 000 Ew.) in einen trubeligen, lebhaften Urlaubsort, in dem es von allem ein wenig zu viel gibt: Hotels, Ferienanlagen, Lokale, Sport- und Freizeitmöglichkeiten. Weite Teile der Stadt sind verbaut. Nur die Marina zeigt sich von einer malerischen Seite – und das grüne Hinterland, wo man noch den ungewöhnlichen Duft von Amberbäumen genießen kann. Marmaris bietet sich als Startpunkt für Erkundungen der Gebirgswelt, der unzähligen Buchten und Halbinseln wie Bozburun und Resadiye an.

Zudem ist Marmaris – neben Bodrum – ein Zentrum für *gulet*-Charter, Segeltouren (»Blaue Reise«) auf den typischen türkischen Holzschiffen.

ESSEN & TRINKEN

Begonya
Ein wunderbar ruhiger Platz in der trubeligen Innenstadt. Auf der Speisekarte stehen Symbiosen aus türkischer und europäischer Küche. *Haci Mustafa Sokak 101, Tel. 0252/ 412 40 95,* €€€

Green House
Kneipe, wo man bis 5 Uhr morgens einen Imbiss bekommt. *Hacı Mustafa Barlar Sokak 89, Tel. 0252/ 412 50 71,* €

ÜBERNACHTEN

Robinson Select Club
Umwerfendes Panorama, exzellentes Clubhotel. 35 km von Marmaris entfernt. *293 Zi., Hisarönü Meydan, Datça Yolu, Tel. 0252/ 436 92 00, Fax 436 92 28, www. robinson.de,* €€€

Tropical Hotel
Vergleichsweise bescheiden dimensionierte Anlage, eigener Strand. *118 Zi., Kenan Evren Bulvarı 55, Tel. 0252/417 38 16, Fax 417 38 20, www.tropicalhotel.com,* €€

FREIZEIT & SPORT

Trekking/Mountainbiking
Touren auf dem Zweirad mit unterschiedlichen Schwierigkeitsgraden. *Active Tours, Kenan Evren Bulvar/Pasabey Hotel, Tel. 0252/ 413 97 86, Fax 412 87 75*

Yachtcharter
★ Hier können Sie Ihren Traum von einer »Blauen Reise« verwirk-

SÜDKÜSTE

lichen. *Eser Yachting, Hacı Mustafa Sokak 107, Tel. 0252/412 35 27, Fax 412 69 94*

AUSKUNFT

Turizm Bürosu
İskele Meydan 12, Tel. 0252/412 10 35, Fax 412 72 77

ZIELE IN DER UMGEBUNG

Dalyan [117 D5]
★ Der entzückende 3000-Seelen-Ort (80 km östlich von Marmaris) liegt im Delta des Dalyan-Flusses. Die schilfbestandene Mündung und der vorgelagerte wunderbare Badestrand stehen unter strengem Naturschutz – das Areal ist eines der letzten Brutgebiete der Mittelmeerschildkröte *Caretta caretta*. Das Bild von Dalyan ist von kleinen Pensionen geprägt, viele von ihnen liegen am Fluss. Ein gemütliches 16-Zimmer-Haus in ruhiger Lage mit großem Pool ist das *Hotel Kilim (Maraş Mah., Kaunos Sokak 7, Tel. 0252/284 22 53, Fax 284 34 64, www.kilimhotel.com, €).* Das beste Lokal am Ort liegt am Flussufer und bietet zudem noch einen Blick auf die Felsengräber: *Riverside (Maraş Mah., Tel. 0252/284 31 14, €€).*

Datça und Bozburun
Westlich von Marmaris (Minibusverkehr) erstrecken sich gabelförmig die Halbinseln Resadiye und Bozburun. Auf Resadiye liegt der *Fischerort Datça* [116 C5], (80 km von Marmaris, 6100 Ew.), der sich in den vergangenen Jahren zu einem lebhaften Ferienresort gewandelt hat.

Besonders spektakulär ist die Strecke Marmaris–Bozburun: alpines Panorama, tiefblaue Buchten. Endpunkt der Straße ist das Dorf Bozburun [117 D5], 50 km ab Marmaris. Zwei Pensionen liegen in reizvoller Lage direkt am Wasser und sind nur mit dem Boot zu erreichen: *Hotel Aphrodite (20 Zi., Tel. 0252/456 22 68, Fax 456 24 73, €).* Und gleich daneben auf der südlich gelegenen Halbinsel Bozburun das deutsch geleitete *Sabrinas Haus (15 Zi., Tel. 0252/456 20 45, Fax 0252/456 24 70, www.sabrinashouse.com, €€).*

Göcek [117 E5]
Yachthafen (100 km von Marmaris) in malerischer Bucht gelegen, im Hochsommer trifft sich hier der internationale Jetset. Besonders schön sind die vorgelagerten Inseln, gut geeignet für einen Badeausflug. *2 Std. Auto- oder Busfahrt ab Marmaris*

Kögceğiz [117 D4]
Kögceğiz ist ein ruhiger, beschaulicher Ort (7000 Ew., 50 km östlich von Marmaris) mit einer wunderschönen Promenade am Ufer des gleichnamigen Sees. Das Gebiet um den See ist ein Naturparadies, hier wächst der seltene Amberbaum. Vom Hafen kann man mit einem Boot einen Ausflug zu den *Heißen Quellen* mitten in der Wildnis auf der unbewohnten Seite machen.

Fischer im Hafen von Datça

53

ZENTRALANATOLIEN

Vergangene Reiche und die moderne Hauptstadt

In den weiten Steppen Zentralanatoliens lassen sich die Spuren einer jahrtausendealten Besiedlung finden

Die karge zentralanatolische Hochebene steht in herbem Kontrast zu den Bergwäldern der Schwarzmeer-Region und den heiteren Küstengebieten im Süden. Ihre unendliche Weite und die Vielfalt ihrer Erdfarben und Formen erscheinen Besuchern wie ein Abbild der Steppen Asiens, von wo die türkischen Stämme vor 1000 Jahren nach Westen aufbrachen. Sie trafen bei ihrer Ankunft auf die Überreste der bedeutendsten und ältesten Zivilisationen.

Viele Städte Inneranatoliens haben historisch als Stationen auf der Seidenstraße oder anderen Handelswegen gen Osten gedient, immer wieder trifft man auf prachtvolle Karawansereien. Die Moscheen und Religionsschulen (Medresen), denen man unterwegs begegnet (z. B. in Konya) gehören zu den vollkommensten Zeugnissen islamischer Architektur.

Der schönste und zugleich bizarrste Landstrich Anatoliens ist

Respekt fordernde Wache vor Atatürks Grabstätte, dem Mausoleum

Kappadokien, wo zuckerhutähnliche Gebilde aus Tuffspitz aus der Erde stechen. Dahinter verbergen sich Räume, Gräber und Hunderte kleiner Kirchen, teilweise ausgestattet mit farbenprächtigen Fresken. In Kappadokien und in den Großstädten Mittelanatoliens findet man eine gute touristische Infrastruktur vor, in entlegeneren Gegenden ist man weitgehend auf sich allein gestellt.

ANKARA

[111 D4] Als Republikgründer Mustafa Kemal Atatürk entschied, die Hauptstadt des neuen Staates solle Ankara sein, handelte es sich noch um eine mittelanatolische Kleinstadt mit knapp 200 000 Ew. – bekannt höchstens als das antike Ankyra und als Herkunftsort der Angora-Schurwolle. Inzwischen ist Ankara zu einer Metropole mit 4 Mio. Ew. gewachsen. Abgesehen von den Ministerien und Verwaltungen lassen sich alle Attribute einer modernen Kapitale finden: teure Geschäfte und Wohnviertel, ein

ANKARA

Beliebtes Freizeitvergnügen der Hauptstädter: Kahnpartie im Gençlik-Park

abwechslungsreiches Nacht- und Kulturleben und angesehene Forschungsinstitute.

Die von deutschen Planern in den 1930er-Jahren entworfene Anlage der Stadt ist übersichtlich und für Besucher leicht zu erschließen. Hauptschlagader ist der *Atatürk Bulvarı*, er verbindet die beiden Herzen, die sternförmigen Plätze *Ulus* und *Kızılay-Meydanı*. Im Stadtteil Ulus liegen die historischen Sehenswürdigkeiten der Stadt: die Zitadelle, die Marktgassen und das großartige Museum für Anatolische Zivilisationen, das Funde aus der Hethiterzeit präsentiert.

SEHENSWERTES

Anıtkabir (Atatürk-Mausoleum)

Die Grabstätte Atatürks ist das größte Mausoleum der Gegenwart und das Wahrzeichen Ankaras. Zu der riesigen Anlage gehört ein *Museum,* in dem Gegenstände des Republikgründers ausgestellt sind (z. B. seine Autos). *Stadtteil Tandoğan, tgl. 9–17 Uhr*

Kale (Burg)

Wie ein Adlernest thront die Burg über der Stadt. Die Mauern stammen aus byzantinischer Zeit; Osmanen und Seldschuken bauten die Festung später mehrmals um. Die verwinkelten Gassen mit den alten osmanischen Holzhäusern im Innern der Zitadelle bildeten einst den Ortskern von Angora. *Stadtteil Ulus*

MUSEEN

Anadolu Medeniyetleri Müzesi (Museum für Anatolische Zivilisationen)

★ Das so genannte »Hethitermuseum« gehört zu den Antikenmuseen von Weltrang. Der Komplex – untergebracht in einem ehemaligen gedeckten osmanischen Basar – umfasst den gesamten Zeitraum von den ersten Zivilisationen (um 7000 v. Chr.) bis zum klassischen Altertum, mit dem Schwerpunkt auf der Hethiterzeit (2000–1200 v. Chr.). Die Fundstücke – allesamt aus dem Boden der heutigen Türkei

ZENTRALANATOLIEN

– werden übersichtlich und ansprechend präsentiert. *Gölcük Sokak 2, Di So 8.30 17.30 Uhr*

Kurtuluş Savaşı ve Cumhuriyet Müzesi (Museum des Befreiungskrieges und der Republik)
In diesem Haus wurde türkische Geschichte geschrieben: Am 23. April 1920 trat dort die Große Nationalversammlung erstmals zusammen. Von hier aus wurde der Unabhängigkeitskrieg organisiert und schließlich im Oktober 1923 die Republik Türkei gegründet. *Cumhuriyet Bulvar (Ulus), Di–So 8.30 bis 12.30 und 13.30–17.30 Uhr*

ESSEN & TRINKEN

Meşhur İskender Kebapçısı
Der berühmte İskender-Kebap wird auf Brot mit Joghurt und Tomatensoße serviert. *Paris Cadde 20, Tel. 0312/418 93 00, €*

Villa
Hier genießen Sie türkische Küche in gediegener Atmosphäre. Serviert

wird Wein aus eigener Abfüllung. *Boğaz Sokak 13 (Kavaklidere), Tel. 0312/427 08 38, €€€*

EINKAUFEN

Viele Geschäfte und Boutiquen konzentrieren sich sowohl am Atatürk-Bulvar als auch im Stadtteil Gaziosmanpaşa rund um den Hilton-Tower. Vor der Burg gibt es einen Gewürz- und Kräutermarkt.

ÜBERNACHTEN

Hotel Keykan
Mittelklassehotel, in der Nähe des Kızılay-Platzes. *50 Zi., Fevzi Çakmak Cadde 12 (Kızılay), Tel. 0312/ 231 80 70, Fax 230 02 16, €€*

Mega Residence Hotel
Ausnahmsweise kein Kasten, sondern ein vornehmes 29-Zimmer-Haus mit Bäumen und Gartencafé mitten im Stadtteil Kavaklidere. *Tahran Cadde 5, Tel. 0312/ 468 54 00, Fax 486 54 15, www. mega.residence.com, €€€*

MARCO POLO Highlights »Zentralanatolien«

★ **Museum für Anatolische Zivilisationen**
Diese Sammlung in Ankara gehört zu den großen Museen der Welt (Seite 56)

★ **Konya**
Der Mevlana-Orden predigt die Liebe und die Seelenverbundenheit aller Menschen (Seite 61)

★ **Sultansazlığı-Naturschutzgebiet**
Vogelparadies für Ornithologen: Kommen Sie frühmorgens (Seite 60)

★ **Uçhisar**
Von diesem Dorf blickt man weit in die wundersame Tuff-Landschaft von Kappadokien (Seite 60)

KAPPADOKIEN

AUSKUNFT

Turizm Bürosu
*İsmet İnönü Bulvar 5/7, Tel. 0312/
212 83 00*

ZIELE IN DER UMGEBUNG

Boğazkale **[111 F4]**
Zwei Autostunden von Ankara entfernt wurden vor 100 Jahren die Ruinen von *Hattuşa* entdeckt. Das gleichnamige Hethiterreich (ca. 1650–1200 v. Chr.), eines der bedeutendsten Großreiche seiner Zeit, hatte hier in der Nähe des Dorfes Boğazkale sein Machtzentrum. Zu bewundern sind Tempelfundamente, unterirdische Festungsgänge sowie das Löwen- und das Königstor, eingelassen in gewaltige Mauern. In Gebäuden, die als Archive gedient haben, fand man Tausende von Keilschrift-Tontafeln.

2 km nordöstlich von Boğazkale liegt das Felsheiligtum *Yazılıkaya* (wörtl. »beschriebener Fels«) aus dem 13. Jh. v. Chr. An den Wänden sind <mark>Hunderte von Göttergestalten in den Fels geschlagen.</mark>

Insider Tipp

Die Buslinie »Çorum Lider« verbindet Ankara mit Hattuşa (Tel. 0312/224 13 14). Übernachtungsmöglichkeiten sind im Ort *Sungurlu* vorhanden, z. B. das schlichte, aber ordentliche *Hethit Oteli (20 Zi., Tel. 0364/311 84 09, €).*

**Soğuksu Milli Parkı
(Soğuksu Nationalpark)** **[110 C3–4]**
Der 1050 ha große Nationalpark bei dem Ort *Kızılcahamam* – etwa 50 km von Ankara, auf der Strecke nach İstanbul – ist an den Wochenenden ein beliebtes Ausflugsziel der Hauptstädter. Das Gebiet erinnert mit seinem Mischwald eher an ein europäisches Mittelgebirge (maximal 1800 m Höhe) denn an Anatolien. *Busse ab Ankara: Busbahnhof Etlik Garaj (Ulus).*

KAPPADOKIEN

[119 F2–3] Im Dreieck zwischen Nevşehir, Kayseri und Niğde trifft der Besucher seltsame Erdkegel, aufgestellt wie für eine Partie Riesenbowling. Kappadokien ist die wundersamste Landschaft Anatoliens. Im wechselnden Licht des Tages präsentiert dieses Fleckchen Erde mit verschlungenen Tälern und Felsplateaus ein phantastisches Spiel von Formen und Farben. Regen, Wind und Flussläufe haben diese bizarren Gebilde aus Tuff, einer kittartigen Vulkanasche, im Laufe der Jahrhunderte hinterlassen. Hinter den aschegrauen Fassaden verbergen sich Wohnräume, Gräber, unterirdische Siedlungen und über 360 kleine Kirchen, die christlichen Gemeinschaften als Versteck dienten.

ZIELE IN KAPPADOKIEN

Avanos **[119 F2]**
Der Ort ist berühmt für Terrakottakrüge und -vasen. In den Töpfereien gegenüber dem Basar 54 an der Straße nach Göreme können Besucher selbst den roten Ton formen.

Insider Tipp

Göreme **[119 F2]**
Im Göreme-Tal liegt eine faszinierende Ansammlung von Felskirchen, meist nur über halsbrecherische Stiegen oder enge Gänge erreichbar. Im Innern sind die Kapellen mit farbenfrohen Fresken geschmückt, Bilderzyklen aus dem Leben Jesu.

58

ZENTRALANATOLIEN

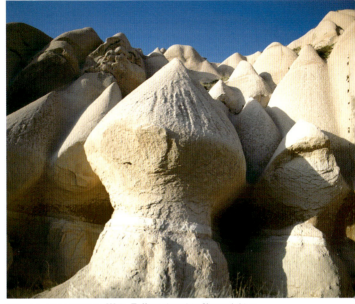
Wie von einer anderen Welt: Tuffsteinkegel in Kappadokien

Die älteste der Höhlenkirchen dort datiert aus dem 5. Jh., *Göreme Açık Hava Müzesi (Freiluftmuseum Göreme)*, tgl. 8.30–17.30 Uhr.

Eine der schönsten Pensionen, halb Felsen, halb Steinhaus, ist das *Melek Cave Hotel (20 Zi., Tel./Fax 0384/271 24 63, €)*. Beste Qualität bietet das *Ataman (20 Zi., Uzundere Cadde, Tel. 0384/271 23 10, www.atamanhotel.com, €€€)*. In der *Rainbow Ranch, Tel. 0384/ 271 24 13*, stehen geduldige Pferde für einen Ausritt bereit. Zwei Stunden mit einem Begleiter kosten ca. 13 Euro.

Kaymaklı und Derinkuyu [119 F2]

Bei Kaymaklı und Derinkuyu wurden bis zu acht Stockwerke tiefe unterirdische Siedlungen freigelegt. In dem ausgeklügelten Fluchtsystem – mit Toiletten, Waffenlagern, Wasserdepots und auch Kirchen –, das zum Teil bereits in der Hethiterzeit angelegt wurde, konnten die Bewohner der oberhalb liegenden Städte bei Gefahr lange überleben.

Mustafapaşa [119 F2]

6 km südlich von Ürgüp, auf der Straße nach Soğanlı, liegt die kleine Ortschaft (einst griech. Sinasos). An diesem 2500-Seelen-Weindorf fahren fast alle Busse vorbei. Dabei hat Mustafapaşa einiges zu bieten: Mit seinen Kirchen und mächtigen Steinhäusern war Sinasos früher ein Sommerort wohlhabender Griechen. Hundert der schönsten alten Häuser stehen heute unter Denkmalschutz. Eine Karawanserei aus dem 14. Jh. erinnert daran, dass Kappadokien an der Seidenstraße

KAPPADOKIEN

lag. Und hier gibt es auch den seltenen Kappadokien-Wein zu kaufen. Ein Tipp: *Weinkelterei Kappadokia, Tel. 0384/353 50 03.*

**Ihlara Vadisi
Peristrema-Tal** [119 E3]

Verlassen Sie Kappadokien nicht, ohne wenigstens einen halben Tag in dieser Schlucht südöstlich von Aksaray verbracht zu haben – Peristrema, »das um und um gewundene Tal«. 100 m tief und 10 km lang, in der Mitte ein baumbestandener Fluss, wirkt sie wie in die Landschaft gefräst. In seiner Monumentalität drängt sich ein Vergleich mit dem Grand Cañon auf. An den Steilhängen sind die Eingänge zu zahlreichen Kapellen erkennbar. Setzen Sie sich mit einer Flasche Kappadokien-Wein an den Rand des Cañons, und erleben Sie in Ruhe einen berückenden Sonnenuntergang.

Zugang: Es gibt drei Taleingänge, einen zentralen ausgeschilderten, einen südlichen im Dorfzentrum von *Ihlara* und einen nördlichen beim Ort *Belisırma. Zutritt von 7–20 Uhr, Eintritt ca. 2,60 Euro*

**Sultansazlığı Milli Parkı
(Sultansazlığı-Naturpark)** [120 A2–3]

★ Eine Abwechslung zu Höhlen und Kirchen ist das Naturschutzgebiet Sultansazlığı. Das 17 000 ha große Marschland mit den drei Seen Yay Gölü, Çöl Gölü und Söbe Gölü in der Mitte erstreckt sich 60 km östlich von Ürgüp. Ein Paradies für fast 300 verschiedene Vogelarten: Pelikane, Komorane, Wasserhühner und Reiher brüten in den dichten Schilfgürteln.

In *Ovaçiftliği* bestehen Übernachtungsmöglichkeiten. Von dort aus fahren auch Boote auf den See hinaus. Da es keine Busverbindungen von Ürgüp aus gibt, empfiehlt es sich, einen Gruppenausflug bei einem Veranstalter zu buchen.

Uçhisar [119 F2]

★ Dieser Ort liegt vor den Toren von Nevşehir malerisch auf einem gewaltigen quadratischen Felsen, gekrönt von einer spitzen mittelalterlichen Tuffburg. Ein Franzose hat ein gutes Dutzend der alten Steinhäuser samt Kopfsteinpflaster wunderbar restauriert und vermietet die *Les Maisons de Cappadoce (Tel. 0384/219 28 13, €€€)* mit der schönsten Aussicht Kappadokiens. Großartig am Rande eines Cañons gelegen, komfortabel und trotzdem erschwinglich ist der *Club Med Uçhisar/Kaya Oteli (65 Zi., Tel. 0384/219 20 07, Fax 219 23 63, €€€).*

Ürgüp [119 F2]

Das Städtchen (10 000 Ew.) ist ein idealer Ausgangspunkt für Kappadokien-Erkundungen. Es bietet gute Verkehrsanbindungen in alle Richtungen und verfügt über zahlreiche Übernachtungsmöglichkeiten.

Auf dem größten Hügel von Ürgüp, *Temenni Tepesi* (»Hügel der guten Wünsche«), liegt das Grab des Seldschukenkönigs *Kılıç Aslan*, dessen auch die christliche Gemeinde von Kappadokien früher ehrend gedachte. Als die Seldschuken vor 900 Jahren diesen Teil des byzantinischen Reiches erobert hatten, durften die Christen weitgehend ungestört in ihren Höhlen wohnen bleiben.

Auch heute werden die Felsen noch genutzt: Im Felsenlokal *Yaşar Baba (Sadıkayası Meydan, Tel. 0384/*

ZENTRALANATOLIEN

Tanz der Derwische am Todestag des Mystikers Mevlana Rumi in Konya

341 28 55, €€) werden sehr gute Lammgerichte serviert und dazu abends türkische Folklore. Felsenzimmer mit Aussicht am Stadtrand vermietet das *Alfina (26 Zi., Istiklal Cadde Ürgüp Girisi 25, Tel. 0384/ 341 48 22, Fax 341 24 24, €€)*.

Auf einem Hügel außerhalb von Ürgüp liegt das Restaurant *Hanedan (Nevşehir Yolu, Tel. 0384/ 341 42 66, €€)*. Von der Terrasse aus kann man die Sonne über Kappadokien untergehen sehen.

KONYA

[118 C3] ★ Konya ist in vielerlei Hinsicht eine sehens- und bemerkenswerte Stadt. Sie ist das Zentrum des anatolischen Islam, die Religion prägt die Stadt bis heute. Hier wurde der weltberühmte Mevlana-Orden gegründet, besser bekannt als die »tanzenden Derwische«, ein mystischer Orden, der Toleranz und Friedfertigkeit predigt. Eine der großen Attraktionen der Stadt ist das alljährlich am 12. Dezember stattfindende Derwisch-Festival am Todestag des Mystikers Mevlana Celaleddin Rumi. Die in Trance durchgeführten Drehungen der in Weiß gekleideten Männer hinterlassen einen tiefen Eindruck.

Konya (ca. 1 Mio Ew.) überrascht als grüne Oase inmitten einer kargen, baumlosen Ebene, geprägt von sorgfältig angelegten Grünflächen, die von zahlreichen Brunnen und kleinen Flüssen gespeist werden. Dieser besonderen Lage wegen machten die Seldschuken Konya (römisch: Iconium) zur Hauptstadt ihres Reiches. Aus dieser Zeit sind zahlreiche Bauten gut erhalten.

SEHENSWERTES

Alaeddin Tepesi (Alaeddin-Hügel)

In einem Park mit schattigen Teegärten liegt die *Alaeddin Camii*, die größte und älteste seldschukische Moschee in Konya. Nach siebzig-

KONYA

jähriger Bauzeit wurde sie 1221, auf dem Höhepunkt der Seldschuken-Macht in Kleinasien, von Sultan Alaeddin Keykubar I. eingeweiht. Die Holzdecke wird von 42 antiken Säulen getragen, die *mihrab* (Gebetsnische) ist mit prachtvollen Fayencen ausgestattet, die *minbar* (Kanzel) besitzt wertvolle Ebenholzschnitzereien. Achten Sie auf den unregelmäßigen Grundriss dieses architektonischen Meisterwerkes!

Der Moschee gegenüber, auf der anderen Straßenseite, steht die *Büyük Karatay Medrese* (Große Karatay Koranschule), heute ein *Museum für Keramikarbeiten (Di–So 9–12 und 13.30–17 Uhr)* aus seldschukischer Zeit. Unter den noch erhaltenen Medresen ist dieser Bau aus dem Jahre 1252 der beeindruckendste. Besonderes Augenmerk verdienen die Ornamente und Kalligrafien des Hauptportals und die Kuppel über dem Hauptraum, die mit dunkelblauen und türkisen Fliesen ausgelegt ist. Wer hinaufschaut, glaubt, das Firmament zu sehen.

MUSEEN

Etnografya Müzesi (Ethnografisches Museum)

Die Ausstellung zeigt Kleidungsstücke, Trachten, Werkzeug und Waffen aus der Region. *Larende Cadde, Di–So 10–18 Uhr*

Mevlana Müzesi (Mevlana-Museum)

Das Kloster *(tekke)* des Derwisch-Ordens ist heute ein Museum. Der Ordensgründer, Celaleddin Rumi (von seinen Anhängern Mevlana genannt) fand im 13. Jh. durch seine mystischen Anschauungen und seine Predigten über die Friedfertigkeit und die universelle Liebe zahlreiche Anhänger. Im Mittelpunkt der Anlage steht die Grabstätte Mevlanas, *Yeşil Türbe* (»Grünes Grab«) so genannt wegen der grünen Fayencen, die das Kegeldach schmücken. Zu den ausgestellten Höhepunkten gehören die über 30 000 alten Handschriften der Ordensbibliothek und die Sammlung

Ein kluger Narr

Nasrettin Hodscha, der Till Eulenspiegel Anatoliens

Nasrettin sucht seinen verlorenen Esel. Dabei betet er zu Allah und dankt ihm. »Warum bist du dankbar, wenn du deinen kostbaren Esel verloren hast?«, wird er gefragt. »Ich bin froh, ihn währenddessen nicht geritten zu haben. Sonst wäre auch ich vermisst.« Was den Deutschen ihr Baron von Münchhausen oder den Flamen ihr Till Eulenspiegel, ist den Türken ihr Nasrettin Hodscha: ein kluger Narr, der ihnen den Spiegel vorhält. Mit Witz und Verstand entlarvt Nasrettin Dummheit und Obrigkeitstreue seiner Mitmenschen. Nasrettin, ein armer Dorf-Immam (moslemischer Geistlicher), soll Mitte des 13. Jhs. gelebt haben. Sein Grab liegt in Akşehir (130 km westlich von Konya).

ZENTRALANATOLIEN

von Teppichen und Kelims aus dem 13.–18. Jh. *Mevlana Cadde, Di–So 10–18 Uhr*

ESSEN & TRINKEN

Şifa Restaurant
Im Zentrum gelegen. Spezialität: *Fırın kebap* (Ofen-Kebap). *Mevlana Cadde 9, Tel. 0332/352 05 19, €*

EINKAUFEN

Das historische *Basarviertel*, das sich zwischen Cumhuriyet und Atatürk Cadde erstreckt, bietet eine große Auswahl traditioneller Handwerkskunst.

ÜBERNACHTEN

Dündar Hotel
Einziges Vier-Sterne-Hotel in Konya. Gut ausgestattet, zentral gelegen. *108 Zi., Feritpaşa Mah. Kerkük Cadde 34, Tel. 0332/236 10 52, Fax 235 91 30, €€€*

Hüma
In modernem Baustil, dem Derwisch-Kloster nachempfunden. *30 Zi., Alaaddin Bulvar 8, Tel. 0332/350 63 89, Fax 235 59 74, €*

AUSKUNFT

Turizm Bürosu
Mevlana Cadde 21, Tel 0332/351 10 74, Fax 350 64 61

ZIELE IN DER UMGEBUNG

Çatal Hüyük   [119 D3]
Hier wurde bei Ausgrabungen Ende der 1950er-Jahre eine der ältesten menschlichen Siedlungen der Erde entdeckt (60 km südöstlich von

Idyllisch gelegen: der See Beyşehir

Konya). Einige der freigelegten Schichten konnten in das Neolithikum 6800 v. Chr. zurückdatiert werden. Weil die Fundstücke – Schmuck, Skulpturen, Werkzeuge – in das Museum für Anatolische Zivilisationen nach Ankara gebracht wurden, ist an diesem Ausgrabungsort nur noch wenig zu sehen.

Kızıldağ Milli Parkı
(Kızıldağ Nationalpark) [118 A–B3]
Der 5,5 km^2 große Nationalpark am Rand des Sees *Beyşehir* – rund 130 km westlich von Konya – lädt mit ausgewiesenen Plätzen von Mai bis September zum Campen und Picknicken ein. Amateurkletterer haben den *Berg Büyüksivri* (1840 m) entdeckt. *Mit dem eigenen Auto oder dem Bus ab Konya*

Sultanhanı Kervansaray [119 D2–3]
(Sultanhanı Karawanserei)
Etwa 85 km von Konya entfernt liegt diese größte und prachtvollste aller seldschukischen Karawansereien. Die 5000 m^2 große Anlage mit ihren reich verzierten Portalen wirkt wie eine Festung.

63

SÜDOSTANATOLIEN

Das Land
der Arche Noah

**Im dünn besiedelten Osten liegen
die ältesten Städte des Landes –
eingerahmt von einer gewaltigen Bergwelt**

Die berückende Schönheit der östlichen Grenzgebiete der Türkei ist noch weitgehend unentdeckt. Majestätische Berge wie der Ararat wechseln sich mit steppenhaften Ebenen und grünen Flusstälern ab – Euphrat und Tigris sind die Lebensadern dieser Region. Über »Noahs Berg« heißt es in der Schöpfungsgeschichte: »Und die Wasser wuchsen gewaltig auf Erden … Am siebzehnten Tag des siebten Monats ließ sich die Arche nieder auf dem Gebirge Ararat.« Auch die Städte haben fast alle ein im Wortsinne biblisches Alter vorzuweisen. In der Stadt Urfa, dem antiken Edessa, soll gar Stammvater Abraham geboren sein.

Im Südosten stellen die Kurden die Mehrheit. Historisch gesehen kennt diese einzigartige Landschaft, die sich entlang der Grenzen zu Syrien, Iran und Irak erstreckt, aber noch mehr Völker und Kulturen: Seldschuken, Araber, Armenier, Assyrer, Griechen. Längst verlassene Festungen, Klöster und Kirchen erinnern daran.

*Köpfe der Götterstatuen
auf dem Gipfel des Nemrut Dağı –
ein unvergesslicher Anblick*

Kurdin beim Wasserholen

Der lange Bürgerkrieg zwischen der Kurdischen Arbeiterpartei (PKK) und der türkischen Armee hat in dieser Region seine Spuren hinterlassen. Dennoch normalisiert sich das Leben langsam. Dazu trägt auch das ehrgeizige Südostanatolien-Projekt (GAP) bei, das aus der rückständigen Region eine blühende Landschaft machen soll. Mit Hilfe von 22 Staudämmen entlang von Euphrat und Tigris sollen in einigen Jahren 1,7 Mio. ha Land bewässert werden – eine Fläche größer als die Beneluxländer zusammen. An der großen Armut der meisten Bauern hat das bislang wenig geändert. Zwar herrscht in den Sommermonaten in Ostanatolien eine trockene, staubige Hitze. Man sollte aber mit Rücksicht auf den konservativen Sittenkodex der hier lebenden

65

DIYARBAKIR

Kurden und Türken Arme und Beine immer bedeckt halten.

Bevor Sie in den Südosten aufbrechen, beachten Sie die Sicherheitshinweise offizieller Stellen in der Türkei und Deutschland (z. B. Auswärtiges Amt). Fahren Sie nur tagsüber und auf den großen Überlandstraßen, übernachten Sie nur in den größeren Städten bzw. in der Nähe der bedeutenden Sehenswürdigkeiten.

Die Menschen im Südosten Anatoliens freuen sich nach vielen Jahren der Isolation über jeden Besucher.

DIYARBAKIR

[122 A3] Inmitten einer ebenen Steppenlandschaft oberhalb des Tigris liegt die »Metropole« Südostanatoliens und heimliche Hauptstadt der Kurden. Diyarbakir ist heute eine Großstadt von über einer Million Einwohner. Die meisten kamen in den letzten Jahren als Bürgerkriegsvertriebene aus den Dörfern Kurdistans. Seit die PKK den Kampf aufgegeben hat, normalisiert sich das Leben in der Stadt. Es gibt weniger Panzer und Polizei in den Straßen, sogar ein bescheidener Wohlstand – äußerlich messbar an einem neuen Einkaufszentrum und zahlreichen Auto- und Handygeschäften – stellt sich ein.

SEHENSWERTES

Stadtmauer
Die Basaltmauer, die die Stadt umgibt, ist das augenfällige Wahrzeichen. 5 km dieser ältesten Stadtmauer Anatoliens stehen heute noch fast vollständig und können begangen werden. Die Mauer hat ihre Ursprünge 394 unter römischer Herrschaft, danach fügten Araber, Seldschuken, Perser und schließlich Osmanen dem Bauwerk etwas hinzu. Sehenswert ist das *Harput-Tor*, eines von vier Hauptzugängen der Stadt. Die Torhalle auf der Innenseite ist mit Tierreliefs geschmückt.

Ulu Camii
Eines der Wahrzeichen der Stadt und früheste seldschukische Sultansmoschee in Anatolien, errichtet 1091–1092 von Sultan Malik Sah, kurz nach der Eroberung Diyarbakirs. Das Hauptportal zeigt Reliefs von Löwen und Stieren, das hohe Mittelschiff der fünfjochigen Gebetshalle erinnert an eine Kathedrale. Im Innern wurden antike Säulen und Kapitellen verwendet. *Gazi Cadde*

Reich verziert – Haus in Mardin

SÜDOSTANATOLIEN

MARCO POLO Highlights
»Südostanatolien«

★ **Akdamar**
Die 1000 Jahre alte Kirche, Heiligtum der Armenier, liegt mitten im Van-See (Seite 71)

★ **İshak Paşa Sarayı**
Ein barockes Lustschloss im bunten Stilmix (Seite 71)

★ **Nemrut Dağı**
Gigantische Götterhäupter zeugen vom Selbstbewusstsein eines Königs (Seite 69)

★ **Tur Abdin**
Seit über 1600 Jahren beten Mönche in dieser wunderbaren Landschaft (Seite 67)

ÜBERNACHTEN

Kervansaray
Das beste und schönste Hotel der Stadt. Eine restaurierte, alte Raststation für Karawanen mit sehr gutem Restaurant. Im eigentlichen Lokal wird abends dazu Livemusik geboten. Wem das zu laut ist, kann sein Essen auch in der <mark>gemütlichen Bar im 1. Stock</mark> bestellen. *72 Zi., Gazi Cadde/Mardin Kap, Tel. 0412/ 228 96 06, Fax 223 95 22, €€€*

Insider PP

AUSKUNFT

Turizm Danişma
Danişma Dağkapı Burcu Giriş Bölümü, Tel. 0412/221 21 73, Fax 223 15 80

ZIELE IN DER UMGEBUNG

Mardin [122 B4]
Mardin (rund 100 km entfernt) erinnert stärker als alle anderen südostanatolischen Orte an Arabien. Die mittelalterlichen Steinhäuser stehen treppenartig übereinander und häufig mit Bögen und Arkaden geschmückt am Südhang eines Hü-

gels. <mark>Besonders schön ist dieser Anblick, wenn die Abendsonne die Stadt rötlich bestrahlt.</mark> Wegen der zahlreichen Treppen können im Ort nur Esel zum Transport eingesetzt werden. In Mardin stehen einige Hotels zur Auswahl.

Insider Tipp

Tur Abdin [122 B4]
★ Das Gebiet um Mardin und das weiter östlich gelegene Midyat ist die Heimat der syrisch-orthodoxen Minderheit, die heute um ihre Existenz kämpft. In manchen Dörfern entlang der Grenze zu Syrien überragen noch Kirchtürme die niedrigen Häuser. Nur noch 5000 westsyrische Christen leben in Tur Abdin (Berg der Diener Gottes). Die meisten sind aus politischen und wirtschaftlichen Gründen ins Ausland oder in die Westtürkei geflohen.

Das *Kloster Deyrützafaran* aus dem Jahr 493 n. Chr. (von Mardin mit dem Taxi zu erreichen, 5 km) ist eines von zwei bewohnten syrisch-orthodoxen Klöstern in Tur Abdin. Hier leben ein paar Mönche, die Kinder – zum Teil aus der Diaspora dorthin geschickt – Religion und Aramäisch, die Sprache Jesu,

67

ŞANLIURFA

lehren. Den Mönchen ist es untersagt, Gäste aufzunehmen. Das größere und bekanntere Kloster ist *Mar Gabriel,* 20 km hinter Midyat auf dem Weg nach Cizre.

ŞANLIURFA

[121 E4] Das antike Edessa, heute nur 50 km von der syrischen Grenze entfernt, ist mit seinen 3500 Jahren eine der ältesten Siedlungen der Welt. Urfa (das Präfix *şanlı,* »ruhmvoll«, bekam es erst vor einigen Jahren verliehen) lebte bis in die 1980er-Jahre vom Grenzhandel (und auch von der Schmuggelei) zwischen der Türkei, Syrien und Irak. Doch die politischen Umstände setzten dem ein Ende. Das Südostanatolien-Staudammprojekt zieht die Menschen wieder hierher – die Einwohnerzahl ist über 600 000 gestiegen. Kernstück des gigantischen Bewässerungsprojekts ist der Atatürk-Staudamm, 60 km nördlich von Urfa. Um ins Innere des Bauwerks zu gelangen, brauchen Sie eine Genehmigung des Gouverneurs *(vali).*

Nirgendwo fühlt man sich so sehr im Orient wie in der hübschen Altstadt mit ihrem quirligen, labyrinthischen Basar. Das liegt auch an der bedeutenden arabischen Minderheit – Urfa ist die »arabischste« Stadt der Türkei.

SEHENSWERTES

Abrahamsgrotte
Die Moslems glauben, dass Stammvater Abraham in Urfa geboren sei. Um die im Süden der Stadt befindliche Abrahamsgrotte, in der er zur Welt gekommen sein soll, scharen sich deshalb ein halbes Dutzend

Moscheen. Die schönste ist *die Halil ur-Rahman* aus dem 17. Jh. Neben der Moschee gibt es ein großes Becken, »Abrahams Teich« genannt, voller heiliger Karpfen.

ÜBERNACHTEN

Harran
Neubau im Stadtzentrum. Guter Standard. *66 Zi., Atatürk Bulvar, Tel. 0414/213 28 60, Fax 313 49 18, €€*

Şanlıurfa Valilik Konuk Evi
Das schönste Altstadthaus gehört dem Gouverneur *(vali).* Es hat einen ruhigen Innenhof und eine Dachterrasse. Das Restaurant serviert das beste Urfa-Kebap der Stadt. *Vali Fuat Bey Cadde, Tel./Fax 0414/215 93 77, €€*

EINKAUFEN

Basar
In dem labyrinthartigen Basar der Altstadt *(am Anfang der Divan Cadde)* kann man grellbunte Teppiche erstehen und den Kupferschmieden bei der Arbeit zusehen. In den schattigen Höfen der alten Karawansereien ist gut Tee trinken.

AUSKUNFT

Turizm Bürosu
Asfaltyol 3/D, Tel. 0414/215 24 67

ZIELE IN DER UMGEBUNG

Harran   [121 E5]
In der weit gestreckten Harran-Ebene zwischen Şanlıurfa und der syrischen Grenze kann man bestaunen, was mit dem Euphratwasser geschieht, das am Atatürk-Staudamm umgeleitet **wird**. Es schießt kra-

SÜDOSTANATOLIEN

chend aus riesigen Tunnelöffnungen, bevor es sich in einem weit verzweigten Netz aus betonierten Bewässerungskanälen verliert. Noch vor wenigen Jahren war hier brach liegendes Ödland. Heute erscheint das 30 000 ha große Gebiet im satten Grün der Baumwoll- und Gemüseplantagen. Ökologen warnen vor einer Versalzung des Bodens.

Im Dorf Harran (50 km von Şanlıurfa) stehen bienenstockförmige Häuser aus gepresstem Lehm spitz in den Himmel. Mittendrin befinden sich noch sehenswerte Reste einer Burganlage aus dem 12. Jh. Die früheste Besiedlung Harrans datiert aber aus dem 3. Jahrtausend v. Chr. Der Bibel zufolge lebte Abraham hier einige Jahre, bevor er ins Gelobte Land Kanaan weiterzog.

Nemrut Dağı
(Berg Nemrut)   [121 E3]
★ Zirka zwei Stunden Autofahrt nördlich von Şanlıurfa sind die wundersamen, mannshohen Götterstatuen vom Berg Nemrut zu sehen. Die Köpfe markieren eine Kultstätte, errichtet von König Antiochus I., Herrscher von Kommagene, einem Kleinstaat 69–34 v. Chr. Erosion, Erdbeben und Menschenhand haben die steinerne Versammlung – Götter und weltliche Herrscher – im Laufe der Jahrtausende zum Teil zerstört.

Die Köpfe stehen sich auf der westlichen und der östlichen Terrasse gegenüber. So kann der Besucher wählen, in welchem Licht er sie bestaunen möchte. Wenn's der Sonnenaufgang sein soll, müssen Sie im Sommer um 3 Uhr morgens aufbrechen. Die karge, wenig Vegetation bietende Umgebung wurde zum Nationalpark erklärt. Im nächstgelegenen Ort *Kahta* erhalten Sie weitere Auskünfte: *Turizm Danisma (M. Kemal Cadde 52, Tel./ Fax 0416/725 50 07)*. Dort gibt es auch ein empfehlenswertes Hotel:

Das braune Teufelszeug

Woher kommt der türkische Kaffee?

Jeder Türkeireisende kennt ihn, den starken Kaffee aus den winzigen Tässchen. Dieser köstliche kleine Wachmacher gilt als »türkischer Kaffee«. Eigentlich ist der legendäre türkische Kaffee gar kein türkischer, sondern er kommt aus Arabien. Die Türken brachten die Kaffeebohne aus dem heutigen Jemen an den Bosporus. Wer will, kann auch heute noch den wahren Ursprungskaffee in der Türkei genießen. Entlang der syrischen Grenze, in Urfa und Umgebung gibt es in ausgesuchten Restaurants »Mirra«, ein braunes Teufelszeug, das als der wahre arabische Kaffee gilt. Mirra macht man, indem man in einer stundenlangen Zeremonie den Kaffeesud immer wieder aufkocht, bis nur noch ein extrem scharfer Extrakt übrig bleibt. Getrunken wird der Sud in winzigen Schlucken, weil man mehr von dem bitteren Zeug gar nicht trinken könnte. Die Wirkung stellt sich unmittelbar ein.

VAN

Nemrut Tur Oteli (55 Zi., M. Kemal Cadde 11, Tel. 0416/725 68 81, Fax 725 68 80, €)

VAN

[115 E6] Die Provinzhauptstadt (800 000 Ew.) liegt am Ostufer des Van-Sees. Mit seinen 3713 km² Fläche ist er der größte Binnensee der Türkei und etwa siebenmal so groß wie der Bodensee. Weil der See keine Abflüsse besitzt, ist er im Laufe der Jahrtausende völlig versalzen – eignet sich also nicht zum Baden. Eingerahmt von den Gipfeln der vulkanischen Gebirge, ist er dennoch ein sehenswertes Ziel.

Die urartäische Siedlung wurde bereits im 8. Jh. v. Chr. dem Erdboden gleichgemacht, im Ersten Weltkrieg wurde die Altstadt fast völlig zerstört – von 3000 Jahren Siedlungsgeschichte ist so gut wie nichts mehr übrig. Die Urartäer (aus ihnen leitet sich das hebräische Wort »Ararat« ab) machten den Ort 900 v. Chr. zur Hauptstadt ihres Reiches. Danach hinterließen Perser, Römer und Armenier hier ihre Spuren.

SEHENSWERTES

Van Kalesi (Zitadelle)
Auf dem Felsen im Westen der Stadt finden sich Burgreste aus allen Epochen, von den Urartäern bis zu den Osmanen. Bemerkenswert sind einige Schrifttafeln in den Mauersteinen, die belegen, dass sich an dieser Stelle die Festung der urartäischen Siedlung Tuspa befand.

ESSEN & TRINKEN

Akdamar Restaurant
In schöner Lage am Bootsanleger für die Klosterinsel Akdamar. *Tel. 0432/622 25 25, €€*

Burgberg der urartäischen Siedlung Tuspa bei Van

SÜDOSTANATOLIEN

ÜBERNACHTEN

Büyuk Urartu Hotel
Bestes Hotel am Ort. *75 Zi., Cumhuriyet Cadde 60, Tel. 0432/ 212 06 60, Fax 212 16 10,* €€€

AUSKUNFT

Turizm Bürosu
Cumhuriyet Cadde 19, Tel. 0432/ 216 36 75

ZIELE IN DER UMGEBUNG

Akdamar Kilisesi (Heiligkreuzkirche Akdamar) [123 D2]
★ Das Wahrzeichen des Van-Sees ist die über 1000 Jahre alte armenische Heiligkreuzkirche (Bauzeit 915–921), die unvergleichlich über der Insel Akdamar emporragt. Bis 1464 war hier der Sitz des Katholikos, des geistlichen Oberhauptes der Armenier. Berühmt ist die Kirche auch wegen ihres einzigartigen, ornamentalen Reliefschmucks an den Außenwänden. *Minibusverkehr zu der 40 km von Van entfernten Anlegestelle (hinter dem Ort Gevas), von der aus kleine Boote zu der Insel übersetzen*

Ani [115 E3]
Fährt man Richtung Osten zum Städtchen Kars und folgt dort dem Hinweis nach Ocaklı, gelangt man zur türkisch-armenischen Grenze, wo nahe des Grenzstreifens die Ruinen von Ani (türk. Ocaklı) liegen. Die seit 600 Jahren verlassene Geisterstadt war einst die Hauptstadt Armeniens (im 4. Jh. gegründet). Im Mittelpunkt der verfallenen Mauern und Kirchenruinen stehen die gut erhaltenen Überreste der Kathedrale (989–1001). Erkundigen Sie sich vorher, ob die Ruinen derzeit zugänglich sind. Für die Besichtigung brauchen Sie eine Genehmigung, die Sie über die *Touristeninformation Kars (Lise Sokak 9, Tel. 0474/212 68 75)* oder über *Tourveranstalter* bekommen. Die 200 km lange Strecke von Erzurum ist auf dem letzten Stück nicht gut ausgebaut. Es empfiehlt sich, in *Kars* zu übernachten, annehmbar ist das *Motel Arkar Anihan (96 Zi., Çevreyolu SSK Kavşağı, Tel. 0474/ 212 35 17, Fax 212 35 20, www.me gaturkey.com/anihaning.htm,* €€*).*

Doğubeyazit [115 F5]
Drei Autostunden von Van entfernt hat die Kleinstadt mit den beiden spektakulärsten Sehenswürdigkeiten des Südostens aufzuwarten: mit dem Berg *Ararat* (türk. Ağrı Dağı), dessen schneebeckte Spitze in 5137 m Höhe bei gutem Wetter weithin sichtbar ist – diese Bergspitze scheint tatsächlich so hoch, dass keine (Sint-)Flut sie erreichen könnte. Das Gebiet an der Grenze zu Armenien ist wegen der Unruhen im Südosten zurzeit Sperrgebiet, eine Besteigung nicht möglich.

★ ⚐ Die zweite Attraktion thront 6 km außerhalb des Ortes in 270 m Höhe: *İshak Paşa Sarayı,* ein märchenhaftes Schloss mit Hamam, Harem und Lustgärten, das sich ein lokaler Fürst Ende des 18. Jhs. errichten ließ. In den angeblich 99 Jahren Bauzeit wurde auf fast alle damals bekannten Baustile der Gegend Bezug genommen, von armenisch-georgisch über seldschukisch bis barock-osmanisch. Etwas außerhalb der Stadt befindet sich das *Sim-Er Hotel (Doğu beyazıt/Ağrı, 125 Zi., İran Transit Yolu, Tel. 0472/312 48 42, Fax 312 48 43,* €€*).*

SCHWARZMEERKÜSTE

Hochland für Entdecker

Tropisches Klima, üppige Vegetation, byzantinische Klöster: Die östliche Schwarzmeerküste lockt Individualreisende

Vom Meer her wehen feuchte Winde, im Gebirge herrscht häufig Nebel – das ist ein Klima, in dem Haselnüsse, Tabak und Tee prächtig gedeihen. Aber wenn es um ihren Urlaub ging, haben die Türken und ausländische Touristen die Nordostküste wegen des unbeständigen Wetters lange Zeit gemieden.

Dabei handelt es sich um eine einzigartige Landschaft, die sich von der dunkelblauen See über dicht bewaldete Berghänge hinauf auf Hochgebirgsalmen in 3000 m Höhe erstreckt. An den pontischen Gebirgsausläufern bestimmen Urwälder, blühender Rhododendron und Wasserfälle das Bild. In den Höhenlagen kommt der vulkanische Ursprung zum Vorschein: Zwischen den Gletschern wandert man auf Lavaschotter aus Granit. Mittelmeermüde İstanbuler ziehen dort neuerdings mit Rucksäcken die Berge hinauf zu einsamen Almhütten oder suchen in byzantinischen Kirchen und georgischen Klöstern nach Spuren einer jahrtausendealten Vergangenheit. Das Königreich Trapezunt wurde erst 1461 von

Teeernte in Rize: Das leicht feuchte Klima ist ideal für Teebüsche

Mehmet dem Eroberer besiegt. Bis in die 1920er-Jahre des vorigen Jahrhunderts wohnten entlang der nördlichen Schwarzmeerküste noch Griechen. Nicht nur Ruinen erinnern an die wechselvolle Geschichte der Schwarzmeerregion: Im Nordosten, an der georgischen Grenze, leben noch gut 50 000 Lasen *(Laz)*, ein kaukasischer Volksstamm, der sowohl der Hellenisierung als auch der Turkisierung widerstanden hat. Die äußerste westliche Schwarzmeerküste ist wegen ihrer Buchten und Sandstrände ein beliebtes Wochenendziel der İstanbuler.

AMASYA

[112 A–B3] Dieser malerische Ort wartet mit zahlreichen gut erhaltenen osmanischen Fachwerkhäusern auf, die entlang des Yeşilırmak (»Grüner Fluss«) fast über das Ufer kragen. Dazu kommen seldschukische Bauwerke, Moscheen sowie die ⚜ alte Festung aus römischer Zeit, die die einstige Bedeutung des Ortes unterstreichen: Sie war Hauptstadt des griechischen Pontischen Reiches

73

SAFRANBOLU

(ca. 300–70 v. Chr.), und im Mittelalter regierten die Mongolen die Stadt und bescherten ihr einen starken wirtschaftlichen Aufschwung. Danach verlagerten sich die Wirtschaftszentren weiter gen Westen. Die Menschen von Amasya leben heute vor allem vom Obstanbau.

SEHENSWERTES

Sultan Beyazit Külliyesi
Anlage aus dem 15. Jh. Neben der Moschee befinden sich Türben (Mausoleen), Brunnen und eine Medrese, die 20 000 Bücher beherbergt. *Ziya Paşa Bulvar*

ESSEN & TRINKEN

Bahar Restaurant
Über die Stadt hinaus bekannte Kebap-Variationen. *Yüzeller Mah., Sadikesen Sokak 4, Tel. 0358/ 218 13 16,* €

ÜBERNACHTEN

İlk Pansyon
Liebevoll restauriertes Armenierhaus. *6 Zi., Gümüslü Mah. Hitit Sokak 1, Tel. 0358/218 16 89, Fax 218 62 77,* €€

AUSKUNFT

Turizm Danışma
Mustafa Kemal Paşa Cadde 43, Tel. 0358/218 74 28

SAFRANBOLU

[110 C2] ★ Kopfsteinpflaster und Fachwerkhäuser mit Wasserbassins in den Wohnzimmern machen die Kleinstadt zur Attraktion (15 000

Ew.). Der Verkauf von Safran begründete den Wohlstand des Ortes – heute sind das Handwerk und der Fremdenverkehr die florierenden Erwerbszweige.

ESSEN & TRINKEN

Safran
Das größte Lokal am Ort. Sommergarten und am Wochenende Livemusik. *Bağlar Aslanlar Meydan, Tel. 0370/712 10 19,* €

EINKAUFEN

Basar
Im autofreien Stadtkern liegt das Reich der Kupferschmiede, Sattler und Gewürzhändler. Typisch für die Region sind handbestickte Decken und Tücher.

ÜBERNACHTEN

Havuzlu Konak
Wohnen Sie in einem der größten und schönsten *konaklar* (Herrenhaus) von Safranbolu! Im Stil der Region dekoriert, von den Kelims bis zu den Spitzengardinen und Kupfertischchen. Das Restaurant befindet sich im Kellergewölbe. *23 Zi., Beybağı Sokak No. 18, Tel. 0370/ 725 28 83, Fax 712 38 24,* €€

AUSKUNFT

Turizm Bürosu
Çeşme Mah., Arasta Çarşısı 7, Tel. 0370/712 38 63

ZIEL IN DER UMGEBUNG

Amasra   **[110 C1]**
★ Unbedingt als Tagesausflug einplanen: Etwa eine Autostunde von

SCHWARZMEERKÜSTE

Safranbolu entfernt windet sich eine steile Uferstraße hinunter in das reizende Städtchen Amasra. Gelegen auf zwei felsigen Landzungen, eingerahmt von einer imposanten Felsküste, gehört das antike Sesamos zu den Schmuckstücken der türkischen Schwarzmeerküste.

SINOP

[111 F1] Malerisch auf einer Halbinsel gelegen und von einer alten Burg mit der dazugehörigen Stadtmauer bewacht, hat Sinop den schönsten Hafen am Schwarzen Meer und wunderbare, nah gelegene Badebuchten. Im 7. Jh. von Kolonisten aus Milet gegründet, spielte die Stadt bereits unter den Byzantinern eine wichtige Rolle als Hafen. Berühmt ist sie als Geburtsort des Diogenes. Obwohl die Stadt (400 000 Ew.) und ihre Umgebung eigentlich alle Voraussetzungen bieten, um dort einen angenehmen Urlaub zu verbringen, sind es bis heute fast ausschließlich einheimische Besucher, die im Sommer die Cafés und Strände füllen. Die Halbinsel von Sinop ist der nördlichste Zipfel der türkischen Schwarzmeerküste und deshalb auch etwas schwer zu erreichen. Alle Straßen nach Sinop führen über nicht enden wollende Serpentinen durch die *Küre-Berge*, was zwar landschaftlich ein Erlebnis ist, aber einfach viel Zeit in Anspruch nimmt. Dafür gehören die Fischrestaurants am Hafen zu den besten am Schwarzen Meer, und wenn abends die Burg angestrahlt ist, bietet die Stadt die schönste Kulisse an der ganzen Küste.

SEHENSWERTES

Sinop Müzesi (Stadtmuseum)
Das Museum bietet interessante Zeugnisse aus der Vorgeschichte der Zivilisation. Im Meer vor Sinop vermuten manche Archäologen das Land, das durch die biblische Sintflut überschwemmt wurde. *Okullar Cadde, tgl. 8–17 Uhr*

ESSEN & TRINKEN

Beyaz Ev
Das relativ neue Restaurant erfreut sich großer Beliebtheit. Türkische Küche, solide und gut. *Mobil Mevkii, Tel. 0368/261 28 66,* €

MARCO POLO Highlights »Schwarzmeerküste«

★ **Ayder-Plateau**
Im Wanderparadies des Kaçkar-Gebirges (Seite 77)

★ **Sumela-Kloster**
Monumentales Kloster in 270 m Höhe in einer Felswand (Seite 79)

★ **Safranbolu**
Gepflegte, alte Fachwerkarchitektur (Seite 74)

★ **Amasra**
Steilküste und herrliche Badebuchten umgeben den Ort (Seite 74)

TRABZON

Saray Restoran
Das am Hafen gelegene Restaurant hat einen der schönsten Ausblicke und guten Schwarzmeerfisch. *Tersane Cadde 5 a, Liman, Tel. 0368/ 261 17 29, €*

ÜBERNACHTEN

Diyojen
Eine einfache, aber saubere Unterkunft mit Apartments. *33 Zi., 26 Ap., Korucuk Köyü, DSİ Yanı, Tel. 0368/261 88 22, Fax 260 14 25, €*

Melia Kasım Oteli
Gutes, zentral gelegenes Mittelklassehotel. *67 Zi., Gazi Cadde 49, Tel. 0368/261 42 10, Fax 261 16 25, €€*

Villa Rose
Fünf Minuten vom Meer entfernt liegt die Villa, die mit ihren Antiquitäten und ihrer luxuriösen Ausstattung zu den schönsten kleinen Hotels der Türkei zählt. *6 Zi., Ada Mahallesi, Kartal Cadde 9, Tel. 0368/ 261 19 23, Fax 260 10 16, €€*

AUSKUNFT

Bürgermeisteramt
İl Turizm Müdürlügü, Vilayet Binası, Merkez, Tel. 0368/261 52 07

ZIELE IN DER UMGEBUNG

Ayancık   [111 E1]
Ayancık verbindet Meer und Seen miteinander und bietet eine Umgebung, die deutsche Besucher unwillkürlich an den Schwarzwald denken lässt, wenn da nicht auch das Meer wäre. Der Ort liegt rund 30 km westlich von Sinop und hat einen schönen Strand. Obwohl der Ort nicht groß ist, gibt es ein wunderba-res Fischrestaurant, das *Akvaryum (Kurtuluş Caddesi, €€)*.

Gerze   [111 F1]
Gerze sollte man schon deshalb besuchen, weil der Weg von Sinop in das 20 km entfernt liegende Städtchen einfach spektakulär ist. Die Straße führt teilweise in steilen Serpentinen durch den Wald und gibt immer wieder den Blick aufs Schwarze Meer frei. Gerze selbst ist eine kleinere Ausgabe von Sinop, ebenfalls auf einer Halbinsel gelegen. Wem in Sinop zu viel Trubel ist, ist in Gerze gut aufgehoben.

Hamsaroz Koyu   [111 F1]
Eine tief ins Land reichende Bucht, die durch ihre Tiefe und grünen Berge ringsherum fast an einen norwegischen Fjord erinnert. An der Bucht liegt ein Picknickgelände der staatlichen Forstverwaltung *(Orman Yeri)*, wo Sie gegen eine geringe Gebühr einen wunderbaren Rastplatz finden. Für Besucher, die einen Sandstrand bevorzugen, liegt vor der Einfahrt zum Fjord ein kilometerlanger Strand, der von der Straße aus leicht zu erreichen ist.

TRABZON

[113 F3] Das alte Trapezunt im Nordosten ist heute die größte Stadt der Region (1 Mio. Ew.). Es ist – gemessen an anderen Städten des Ostens – eine moderne Großstadt. Armenslums und religiöser Fundamentalismus fehlen hier, verschleierte Frauen sind selten. Bis zu ihrer Einnahme durch die Osmanen 1461 war sie Hauptstadt des spätbyzantinischen Komnenenreiches. Berühmteste Sehenswürdig-

76

SCHWARZMEERKÜSTE

Fußball als Volksdroge

Auch am Bosporus ist der Ball rund

Wer das Zentrum des europäischen Fußballs im Dreieck zwischen Manchester United, Bayern München und Benfica Lissabon vermutet, muss umdenken. Zumindest ein Strang reicht mittlerweile bis İstanbul. Der UEFA-Cup-Sieger hieß im Jahr 2000 Galatasaray İstanbul. Der Sieg des türkischen Topclubs war für Eingeweihte keine große Überraschung, denn der türkische Fußball hat sich in den letzten Jahren kontinuierlich in die europäische Spitzenklasse hochgespielt. Fußball ist in der Türkei die mit Abstand populärste Sportart, gekickt wird in jedem Dorf. Doch obwohl es auch in Anatolien und vor allem an der Schwarzmeerküste, in Trabzon und Rize, starke Mannschaften gibt, wird der Fußball in der Türkei von den großen drei İstanbuler Clubs dominiert. Neben Galatasaray sind das die Adler von Beşiktaş und die Kanarienvögel von Fenerbahçe.

keit ist die Hagia Sophia aus dem 13. Jh., heute ein Museum. Die *Trabzoner Zitadelle* (Trabzon Kalesi) ruht auf einem byzantinischen Fundament, wurde aber später von den Osmanen ausgebaut. Der *Hafen* von Trabzon ist ein wichtiger Umschlagplatz für den in der Gegend angebauten Tee, für Haselnüsse und Holz.

MUSEUM

Hagia Sophia
Das Innere zieren Wand- und Deckenmalereien aus der Schöpfungsgeschichte. *3 km außerhalb des Zentrums, Di–So 8–12 und 13–17 Uhr*

ESSEN & TRINKEN

Insider Tipp In der *Kahramanmaraş Cadde,* gegenüber der Filiale der İş-Bankası, verkaufen Hausfrauen, die ein paar Lira dazuverdienen möchten, leckere Gerichte der Region.

Murat Restaurant
Kleines, feines Fischlokal im Zentrum. *Atatürk Alanı,* €

ÜBERNACHTEN

Usta Hotel
Das beste Hotel in Trabzon. Die Zimmer sind sauber und ordentlich eingerichtet. Mit gutem Restaurant. *87 Zi., Telegrafhane Sokak 1, İskele Cadde, Tel. 0462/326 57 00, Fax 322 37 93,* €€

AUSKUNFT

Turizm Danişma
Atatürk Alanı, Tel./Fax 0462/ 321 46 59

ZIELE IN DER UMGEBUNG

Ayder-Plateau [114 B3]
★ Guter Ausgangspunkt für eine Wanderung im grandiosen *Kaçkar-Gebirge* ist die Hochfläche Ayder.

TRABZON

Der Weg dorthin führt von Rize auf zunächst 50 km gut ausgebauter Straße. Der Zustand der letzten Kilometer Weg bergan ist sehr schlecht. Übernachten ist in der *Pension Prik (12 Zi., Tel. 0464/ 657 20 21, €)* möglich. Der Besitzer ist ein erfahrener Bergführer. Tourenvorschlag: Von der Hochalm Ayder per pedes (manchmal fahren auch Traktoren) zu der Almensiedlung *Yukari Kavron* (Oberkavron) in 2700 m Höhe. Dort gibt es Hütten zum Übernachten. Am nächsten Morgen geht es weiter um die schneebedeckten Gipfel des *Mecevit* und *Kaçkar* wieder hinunter auf die andere Seite des Gebirges nach *Yusufeli* ins Çoruh-Tal. Dort bietet sich für die Nacht das *Çiçek Palas Oteli (12 Zi., Tel. 0466/81 21 02, €)* an. Auskunft über diese und andere Touren: *Türkü Turizm (Rize, Tel. 0464/651 72 30)*.

Bilbilan [114 C2]

Eine Hochalm mit atemberaubendem Blick auf dem Weg von Artvin nach Ardanuc (130 km von Rize). Von Anfang Juni bis Ende September steht in Bilbilan ein großer Markt, auf dem man so gut wie alles bekommt, vom Vieh bis zu den weithin gerühmten Milcherzeugnissen. Nur mit dem Auto zu erreichen. Die beschwerliche Fahrt den Pass hinauf dauert von Artvin gut zwei Stunden. Keine Übernachtungsmöglichkeiten.

İshan Kilesi
(Kirche von İshan) [114 C2]

In den Tälern des Kaçkar-Gebirges im Umkreis von Artvin (130 km von Rize) steht mehr als ein Dutzend mittelalterlicher Kirchen aus der Zeit, als diese Provinz zum Georgischen Königreich gehörte (9. bis 11. Jh.) Die bekannteste ist die *İshan-Kathedrale* von 828. *75 km südlich von Artvin nahe Yusufeli auf der Passstraße 060*

Zurück über Yusufeli ist es auch nicht weit zur einsam gelegenen Basilika *Dört Kilise* aus dem 10. Jh. Im nächsten Dorf *Tekkale* befindet sich eine äußerst schlichte, aber freundliche Pension: *Cemils Pansyon, Tel. 0466/811 29 08.*

Karadağ-Plateau [114 A3]

Eines der spektakulärsten Hochplateaus der Gegend. Vom Trabzoner Stadtbezirk Akcaabat Richtung Düzköy. Die ersten 12 km sind asphaltiert, dann folgen 28 km Feldweg. Für die letzten Kilometer hinauf auf 1880 m Höhe braucht man einen geländetauglichen Wagen. Die dort lebenden Almbauern haben Strom, Wasser und sogar ein Telefon. In den Sommermonaten öffnen auch ein Krämer, ein Teehaus und eine Pension mit 10 Betten. *Tagestouren (ca. 10 Euro) z. B. mit Afacan Tur, Trabzon, Tel. 0462/321 58 04, Fax 321 70 01*

Rize [114 A2]

Der Name der Stadt Rize ist ein Synonym für Tee. Auf allen Hügeln rund um die Stadt wird er angebaut. Allein an den Hängen des Schwarzen Meeres in dieser nordöstlichsten Ecke der Türkei ist es gleichzeitig feucht und warm genug, um erfolgreich Tee anzubauen. Die Stadt selbst ist in den letzten Jahren schnell gewachsen und deshalb nicht besonders reizvoll. Von den ursprünglichen Holzhäusern ist fast nichts übrig geblieben. Doch bereits am Stadtrand beginnen die Plantagen, und nur wenige Kilometer von

SCHWARZMEERKÜSTE

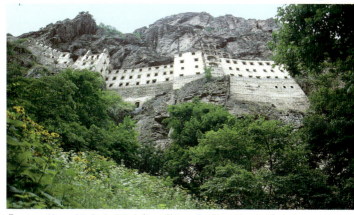

Fromme Abgeschiedenheit in luftiger Höhe: das Felsenkloster Sumela

Rize entfernt fühlt man sich geradezu in eine Märchenlandschaft versetzt. Oberhalb des Stadtzentrums, gut ausgeschildert, befindet sich ein kleiner, sehr schöner Teegarten, der zum einzigen Teeinstitut der Türkei gehört (*Atatürk Çay ve Bahçe Araştırma Enstitüsü*). Man kann hier den besten *Rize Çayı* trinken und sich bei freundlicher Nachfrage im Institut über die Besonderheiten des Teeanbaus in der Türkei informieren. *Zihni Derin Cadde, Tel. 0464/213 02 84*

Sumela-Kloster
(Sümela Manastırı)   [114 A3]

★ Im pontischen Gebirge trifft man auf zahlreiche Kirchen und Klöster. Das berühmteste und besterhaltene ist das Felsenkloster Sumela gut 50 km südlich von Trabzon im *Naturpark Altındere*. Die in eine Bergwand gebaute Anlage erreichen Sie von einem Parkplatz aus nach etwa 40 Min. Fußmarsch. Die Gründung soll zurückgehen bis ins 4. Jh., als der Sage nach Mönche eine vom Evangelisten Lukas gemalte heilige Ikone der Gottesmutter in der Felsenhöhle versteckten. Die letzten griechischen Mönche mussten das Kloster 1923 verlassen, als Griechenland und die Türkei einen »Bevölkerungsaustausch« vereinbarten. Die Fresken aus dem 14. Jh. in der Kapelle sind leider stark beschädigt. *Mehrmals tgl. Minibusse ab Trabzon-Hafen. Oder mit Usta Tur, Tel. 0462/326 18 70, Fax 326 28 72 (ab Juni)*

Uzun-Göl (Langer See)   [114 A2]

Dieser malerische, durch Erdrutsche entstandene klare Hochgebirgssee liegt ca. 80 km von Trabzon abseits der Straße nach Bayburt. Zum Baden ist der See leider zu kalt. Die Pension mit Restaurant *Inan Kardesler (am südlichen Ende des Sees gelegen, Tel. 0462/656 60 21, €)* ist das älteste von einem guten Dutzend Lokalen und Übernachtungsmöglichkeiten am Uzun-Göl. Sie verfügt über 22 Holzbungalows.

Busse tgl. ab Trabzon/Russen-Markt (Rus Pazar) mit Çay Kora Otobüsler

AUSFLÜGE & TOUREN

Abwechslungsreiche Natur, faszinierende Geschichte

Die Touren sind in der Karte auf dem hinteren Umschlag und im Reiseatlas ab Seite 108 grün markiert

1 AUF DEN SPUREN DER STEINE

Wie auf einem türkischen Teppich haben Siedler, Stämme, Herrscherhäuser und Imperien in Jahrtausenden in Kleinasien ihre Muster hinterlassen. Zuerst kamen die Hethiter (2000 v. Chr.) nach Zentralanatolien, dann landeten die Hellenen ab 700 v. Chr. an der Westküste, und gut 500 Jahre später übernahmen die Römer weite Teile der heutigen Türkei. Die Rundreise (1800 km) führt Sie in sieben Tagen vorbei an den bedeutenden Sehenswürdigkeiten jener Epochen und zu grandiosen Naturschauspielen.

Ausgangspunkt ist die Hafenstadt *İzmir (S. 37)*, wo Sie sich bei einem Spaziergang an der Uferpromenade Kordon einen kleinen Eindruck über die großartige Lage des antiken Smyrna verschaffen können. Verlassen Sie die Stadt Richtung Norden auf der 550 (E 87) bis zur Abfahrt nach Bergama, dem antiken *Pergamon (S. 41)*. Die hellenistischen Ruinen vor der Stadt liegen weit verteilt, der Aufstieg auf die Akropolis ist anstrengend. Rechnen Sie darum mit mindestens einem halben Tag. Wenn Sie in Bergama nicht übernachten möchten, fahren Sie auf der 240 weiter, bis Sie bei dem Ort Kırkağaç auf einen kleinen Zubringer stoßen, der Sie auf die Hauptstraße 565 Richtung Balıkesir und anschließend weiter nach *Bursa (S. 32)* führt.

Die erste Hauptstadt des Osmanenreiches liegt in einer fruchtbaren Flussebene, überragt von dem Berg Uludağ (2543 m). Bleiben Sie eine Nacht, besichtigen Sie die Altstadt und entspannen Sie sich in einem der viel gerühmten Thermalbäder.

Am nächsten Tag führt Sie die Route in östlicher Richtung auf der 200 Richtung *Ankara (S. 55)*. Nutzen Sie den Aufenthalt in der modernen Hauptstadt für einen Einkauf und für einen Besuch des Hethiter-Museums.

Glanzvolle Ruine: das Traianeum der antiken Stadt Pergamon

Eine der bizarrsten Landschaften: Kappadokien in Zentralanatolien

Die weltberühmte Sammlung der Anatolischen Zivilisationen stimmt auf das nächste Ziel ein: Auf der E 88 Richtung Osten fahren Sie bis zum Abzweig Delice, von dort aus auf der 190 nach Sungurlu, wo Ihnen kurze Zeit später ein Schild den Weg nach *Bogazkale (S. 58)* weist. Hier sind Tempel und Tore der berühmten hethitischen Hauptstadt *Hattusa* zu bewundern. Gemeinsam mit dem nahe gelegenen Felsheiligtum *Yazılıkaya* bildet die Stätte ein einzigartiges Freilichtmuseum der ersten anatolischen Hochkulturen.

Von dort geht es weiter nach *Kappadokien (S. 58)*, der faszinierenden Landschaft aus Tuffstein. Fahren Sie zunächst von Yozgat über die Strecken 200, 785 und 260 nach Kirsehir und von dort auf der 765 nach *Nevşehir* im Herzen Kappadokiens. Angesichts der bizarren Felsformen und phantasievoll in sie eingehauenen Höhlen, Wohnungen, Kapellen und Klöster stockt einem der Atem. Sie haben dort die Auswahl zwischen den Felskirchen von *Göreme (S. 58)*, den faszinierenden unterirdischen Städten *Derinkuyu* und *Kaymaklı (S. 59)* oder dem *Peristrema-Tal (S. 60)*, einem eindrucksvollen Cañon. Weil die Sonnenuntergänge in dieser Landschaft so sagenhaft sind, sollten Sie hier unbedingt eine Nacht verbringen.

Von Nevşehir geht die Rundreise weiter auf der 300 an Aksaray vorbei nach *Sultanhanı*. Machen Sie Rast in der *Sultanhanı Kervanseray (S. 63)*, der schönsten aller erhaltenen seldschukischen Karawansereien. Nach 40 km erreichen Sie *Konya (S. 61)*, grüne Oase und islamisches Zentrum Inneranatoliens. Die zahlreichen seldschukischen und osmanischen Bauwerke und das Museum der Derwisch-Bruderschaft lohnen einen Tag Aufenthalt.

Pamukkale (S. 41) heißt die nächste Station: zunächst von Konya nach Beysehir (Straße 330), von

AUSFLÜGE & TOUREN

dort ein kurzes Stück am Beyşehir-See in nördlicher Richtung auf der 695 und dann auf der 330 über Eğirdir nach Isparta. Weiter nach Dinar (685 und 625) und schließlich auf der 320 Richtung Denizli. Vor der Einfahrt in die Stadt finden Sie den Abzweig zu den weltberühmten Kalksinterterrassen, die bereits in der Antike ein beliebtes Thermalbad waren. Schon Kleopatra besuchte Pamukkale, um das mineralreiche Quellwasser für ihre Schönheit zu nutzen. Erfreuen Sie sich an dem Naturdenkmal, zum Baden in dem warmen Thermalwasser müssen Sie sich in eines der umliegenden Hotels begeben. Über die 320 und 550 geht es weiter zum letzten Höhepunkt der Tour, den bestens erhaltenen antiken Stadtruinen von *Ephesos (S. 39)*. Wenn Sie noch Zeit haben, besuchen Sie den nahe gelegenen Badeort *Kuşadası (S. 40)*, bevor Sie nach İzmir, dem Ausgangspunkt dieser Route, zurückkehren.

2 ZWISCHEN BEACH, BASAR UND BERGGÖTTERN

Diese 1000 km lange Reise führt Ihnen an einem kleinen Ausschnitt vor Augen, welche landschaftlichen und gesellschaftlichen Kontraste die Türkei zu bieten hat. Zunächst geht es vom modernen Antalya aus an der östlichen Mittelmeerküste entlang bis in das arabisch geprägte Antakya und von dort ins tiefste Südostanatolien, in die Prophetenstadt Sanlıurfa und zum Götterberg Nemrut. Auch für diese Tour sollten Sie mindestens eine Woche einplanen.

Von *Antalya (S. 46)*, der türkischen Mittelmeermetropole mit Charme, fahren Sie auf der Küstenstraße 400 Richtung Osten zum 135 km entfernten *Alanya (S. 44)*. Dort ist die weitläufige Seldschukenfestung einer der prachtvollsten Anblicke an der Küste, mit einer schönen Aussicht auf die Bucht ein Muss.

Dann weiter auf kurvenreicher Fahrt nach *Anamur (S. 45)*, der südlichsten Spitze der Türkei mit 13 km feinstem Badestrand und einer gut erhaltenen, sehenswerten Kreuzfahrerfestung in spektakulärer Lage.

Nächste Station ist *Silifke,* eine Bezirksstadt 10 km vom Meer entfernt. Sie lohnt einen Besuch wegen der kilometerlangen Dünenlandschaft am Delta des Göksu-Flusses und der vielen Strände in der Umgebung.

Vorbei an der Industrie- und Hafenstadt Adana führt der Weg auf der E 91 nach *Antakya,* dem antiken Antiocheia. Das Archäologische Museum der Stadt beherbergt eine überaus sehenswerte Sammlung römischer Mosaiken. Dieser äußerste Zipfel des Landes gehörte bis 1939 zu Syrien. Im Basarviertel der Stadt meint man bereits jenseits der Grenze zu sein.

Auch *Şanlıurfa (S. 68)*, das nächste Etappenziel, ist stark von Arabern und Kurden geprägt. Sie erreichen diese uralte, von den Babyloniern gegründete Stadt von Antakya aus über Gaziantep auf den Straßen 825 und 400. Allein der labyrinthartige Basar von Şanlıurfa mit seinen Kupferschmieden und kühlen Teehöfen ist einen Besuch wert. Anhänger aller Schriftreligionen glauben, dass sich Stammvater

Abraham in Şanlıurfa aufgehalten hat. In der Abrahamsgrotte bei der Halil-ur-Rahman-Moschee aus dem 17. Jh. soll er geboren sein.

Dass in den letzten Jahren rund um Şanlıurfa riesige Baumwollflächen entstanden sind, ist dem Südostanatolien-Projekt und dem *Atatürk-Staudamm* zu verdanken. Auf der 875 überqueren Sie den Euphrat nahe der gigantischen Staumauer nach *Adıyaman,* dem Ausgangspunkt für Exkursionen zum weltberühmten »Berg der Götter« *Nemrut Dağı (S. 69).* Die riesigen Steinköpfe bilden das Grabdenkmal für König Antiochus I. von Komagene, Herrscher über ein Kleinreich von römischen Gnaden. Weil auch die Sonnenauf- und -untergänge auf dem Nemrut-Berg zu den unvergesslichen Türkeierlebnissen gehören, sollten Sie hier eine Übernachtung einplanen. In *Karadut,* 7 km unterhalb des Gipfels, gibt es Übernachtungsmöglichkeiten.

3 SCHÖNSTE SÜDÄGÄIS IN 48 STUNDEN

Eine Rundreise, die Sie zu den trubeligen Ferienresorts Bodrum und Marmaris genauso führt wie zu den vielen schönen Buchten der Halbinsel Resadiye oder den liebenswerten Altstädten von Milas und Muğla. Für die 250 km lange (Land-) Strecke sollten Sie mindestens zwei Tage veranschlagen.

Beginn der Rundfahrt ist *Marmaris (S. 52),* einst ein Fischerstädtchen, heute ein Touristen- und Seglerzentrum. Von dort geht die Reise zur Provinzhauptstadt *Muğla* mit vielen gut erhaltenen osmanischen Häusern landeinwärts. Sie können vor der Stadt einen Abstecher nach Osten zum *Köyegiz-See* und dem idyllischen Ferienörtchen *Dalyan (S. 53)* machen.

Von Muğla führt die 330 nach *Milas,* einer stimmungsvollen Klein-

Bodrum hat sich als Zentrum türkischer Künstler einen Namen gemacht

AUSFLÜGE & TOUREN

stadt mit einem ebenfalls sehenswerten alten Zentrum. Von dort aus lohnt ein Abstecher, um den *Zeustempel von Euromos* zu besichtigen, der als der besterhaltene antike Sakralbau der Türkei gilt.

Bodrum (S. 29) ist der nächste Halt, das »St.-Tropez der Türkei«, denn in den Sommermonaten treffen sich die betuchten İstanbuler in den weiß getünchten Häusern der Stadt. Entsprechend vielfältig und ausgefallen ist das Nachtleben von Bodrum. Tagsüber sollten Sie sich die Kreuzritterburg am Eingang der Bucht und das im Burginnern befindliche urige Museum für Unterwasserarchäologie nicht entgehen lassen.

Von Bodrum aus geht es mit der Fähre in zwei Stunden hinüber nach *Körmen* auf der *Halbinsel Resadiye*. Vorbei an felsiger Küste windet sich eine schöne Straße zur äußersten Spitze der Halbinsel, wo sich die *Ruinen von Knidos* befinden. In der terrassenartigen Anlage – im 7. Jh. v. Chr. von Dorern gegründet – sind u. a. Reste der Agora, der Theater und eines Aphrodite-Tempels zu sehen. Um 300 v. Chr. lebte hier der Mathematiker Euklid. Von Knidos führt die Straße über das bei Urlaubern inzwischen sehr beliebte Fischerdorf *Datça (S. 53)* zurück nach Marmaris.

4 STIPPVISITE AN DIE SCHWARZMEERKÜSTE

Diese Tour führt zu einigen der Höhepunkte der östlichen Schwarzmeerküste. Die Täler und Berge des Pontus, die Abgeschiedenheit der Hochalmen *(yayla)* und der byzantinischen Klöster werden Sie in eindrücklicher Erinnerung behalten. Nicht zuletzt, weil sich die Türkei dort von einer ganz unerwarteten Seite zeigt. Für diese Tour von 650 km sollten Sie eine Woche einplanen. Mit anschließender Wanderung zwei bis vier Tage mehr.

Die Reise beginnt in *Trabzon (S. 76)*. Von dort geht es mit dem Auto auf der 885 über Maçka zum weltberühmten Kloster *Sumela (S. 79)*. Entweder fahren Sie die 43 km wieder zurück und übernachten in Trabzon, oder Sie setzen Ihren Weg fort über den großartigen Zigana-Pass und Bayburt zum *Uzun-Göl (S. 79)*. An diesem schönen Hochland-See können Sie am Ende einer langen Etappe übernachten, bevor Sie am 2. oder 3. Tag über die 915 nach Of an die Küste zurückkehren und einen kurzen Abstecher nach *Sürmene* machen. In der Kleinstadt (Tipp: Dienstags ist Markttag!) ist besonders der festungsähnliche Palast sehenswert, den sich eine Schwarzmeer-Dynastie vor 200 Jahren errichten ließ. Ein großes Beispiel regionaler Architektur. Von dort führt Sie die Tour weiter gen Osten über Rize und Ardeşen zum 2000-Ew.-Ort Çamlıhemşin (ca. 120 km).

Insider Tipp

Von dort, vom Rand des Kaçkar-Gebirges geht es über Asphalt 17 km weiter hoch in die alpine Landschaft nach *Ayder (S. 77)*. Von dort aus können Sie in mehreren einzelnen Tagestouren das Kaçkar-Gebirge *(S. 77)* erkunden oder das Gebirge in – je nach Kondition – zwei bis vier Tagen nach Barhal in der Provinz Artvin überqueren (schließen Sie sich am besten einer Gruppe an). Von Ayder sind es 160 km zurück nach Trabzon.

85

SPORT & AKTIVITÄTEN

Unten surfen, oben im Schnee wedeln

Mit ihren Meeren, Bergen und Flüssen bietet die Türkei vielfältige Sportmöglichkeiten

Wenn früher von Urlaub in der Türkei die Rede war, dachte man nur an die kilometerlangen Strände am Mittelmeer. Die Zeiten haben sich geändert. Auch wenn die türkische Riviera immer noch das Lieblingsziel der Pauschaltouristen ist, nimmt die Zahl derer zu, die für Golf und Reitferien, Rafting oder Bergsteigen in die Türkei reisen. Unberührte Berglandschaften, bezaubernde Wanderrouten, erstaunliche Tropfsteinhöhlen und die herrliche Natur machen das Land zu einem lohnenden Ziel von Amateur- und Profisportlern.

Schon um İstanbul herum gibt es gute Möglichkeiten für einen Wander-, Reit- oder Golfurlaub. Die zerfranste Ägäisküste mit ihren vielen Buchten und stetigem Wind bietet Wassersportlern beste Chancen für einen gelungenen Urlaub. Die ausgedehnte, ziemlich geradlinig verlaufende Mittelmeerküste wiederum hat nicht nur lange Strände, sondern auch das mächtige Taurusgebirge im Rücken: Trekking, Bergsteigen, Rafting und Paragliding stehen hier zur Wahl – als auch die neuen, komfortablen Golf-

Nichts für Wasserscheue:
Rafting auf dem Köprülü Kanyon

resorts um Antalya herum. Auch Reittouren am Strand gehören hier zu einem exklusiven Urlaub.

BERGSTEIGEN

Anatolien bietet dem Bergsteiger und -wanderer vielfältige Alternativen: Vom höchsten Berg Ağrı (Ararat) im Osten (5137 m) bis hin zum *Taurusgebirge* (Toroslar) am Mittelmeer oder den *Karadeniz Dağları* und *Kaçkarlar* entlang der Schwarzmeerküste reichen die Spitzen. Mittelhohes Gebirge wie *Kazdağı, Ilgaz, Samanlı, Bolu* oder *Uludağ* laden zum Felsensteigen und zu Wandertouren ein.

Das Taurusgebirge ist sowohl im Sommer als auch im Winter für Bergsteiger geeignet. Im Westen haben die *Beydağları* und *Akdağlar* mit ihren 3000er Gipfeln gute Routen für Winter- und Felssteigungen. Im mittleren Bereich liegen die *Bolkar* und *Aladağlar*, durch den *Gülek-Pass* getrennt. Hier gibt es Bergseen in 2000 m Höhe sowie unzählige Cañons und Höhlen. Am östlichen Schwarzmeer gelegen ist das Kaçkar-Gebirge mit Gipfeln wie *Verçenik* (3932 m) und seiner grünen Vegetation. Im Winter schwer zu bezwingen.

87

Keine Angst vorm Fliegen: Parasailing am Strand von Ölüdeniz

GOLF

Beliebt bei Golfern sind die Anlagen in İstanbul und an der Mittelmeerküste. Die Clubs bieten auch Kurse an. Der *Gloria Golf Club* war Gastgeber der European Seniors Open im Mai 1998. Ein Fünf-Sterne-Hotelkomplex auf 110 ha mit eigenen Kursen *(18 Loch, Par 72, 6288 m, Acisu Mevkii, Belek/Antalya, Tel. 0242/715 15 20, Fax 715 15 25, www.gloriagolf.com).* Der auf 92 ha angelegte Championship-Golfplatz mit engen Fairways des *National Golf Club* ist anspruchsvoll und mit 7 Wasserhindernissen/Seen versehen *(18 Loch, Par 72, 5569 m, Belek Turizm Merkezi, Serek, Tel. 0242/725 54 00, Fax 725 53 99, www.agne.com.tr/spor/golf2/nat.htm).* Der *Kemer Golf & Country Club* im »Belgrader Wald« ist nur 30 Min. vom Stadtzentrum İstanbuls entfernt, *(Tel. 0212/239 77 70, Fax 239 77 76, www.kemercountry.com).*

PARAGLIDING & BALLONFAHRT

Die Angebote reichen heute von Paragliding bis Ballonfahrt. *Ölüdeniz/Fethiye*: Vom Babadag (1700 m) geht es ab nach unten. Wegen der Meereslage und ruhigen Windverhältnissen ist es geübten Fliegern möglich, 5 Stunden in der Luft zu bleiben und bis zu 3500 m Höhe zu steigen. Der lange, breite Strand ist ideal zur Landung. Der Flug wird am Vortag vor Ort gebucht *(z. B. Flying Dutchman, Tel. 0252/617 02 01).* Ballon-Touren in Kappadokien: Ideal für Ängstliche, die alles einmal von oben betrachten wollen. Bunte Ballons tragen 3–6 Personen und steigen bis 400 m Höhe. Ein Flug über die atemraubende Landschaft Kappadokiens dauert eine Stunde. Die Fahrten finden morgens zwischen 5 und 9 Uhr statt *(ca. 150 Euro, Biggtravel İstanbul, Tel. 0216/425 60 00).*

SPORT & AKTIVITÄTEN

RAFTING

Die türkischen Flüsse sind oft das ganze Jahr hindurch für Rafting geeignet. Erfahrene Reiseleiter begleiten die Gruppen. Ab 14 darf jeder Schwimmer mit. Weltweit unter den besten zehn Flüssen für Rafting: *Çoruh* (über 350 km) entspringt in 3500 m Höhe und fließt ins Schwarze Meer. Prächtige Cañons, glasklares Wasser, Braunbären, schneebedeckte Gipfel. Von Mitte Mai bis Ende August befahrbar. Wandern und Rafting werden oft kombiniert in 8-Tage-Touren angeboten. İstanbul: *Alternatif Turizm, Tel. 0216/245 66 50,* Antalya: *Med-Raft, Tel. 0242/248 00 83.* Ausflüge zum reißenden *Dalaman-Fluss* bietet an: *Alternatif Turizm, Tel. 0252/413 59 94.*

REITEN

Ob in exklusiven Reitclubs oder ad hoc am Strand – das Reiten macht überall Spaß. In İstanbul gibt es den traditionsreichen Reitclub, wo man anklopfen kann *(Atlı Spor Kulübu, Tel. 0212/276 20 56).* Am Mittelmeer bietet sich die *Oranj Ranch (Tel. 0242/824 62 90)* in *Kemer* an.

SKIFAHREN

Die Türkei hat hohe Gebirge, wo die Schneedicke unter Normalbedingungen 3 m erreicht. Ski fahren kann man in den Nordanatolischen Bergen (2587–3932 m), dem Toros-Gebirge im Süden (3086–4136 m), auf dem Erciyes (3917 m) und Ağrı.

120 km westlich von Ankara, hat sich *Bolu Kartalkaya* zum beliebten Skigebiet entwickelt. Restaurants, Hallenbad und Disko run-

den das Angebot ab. *Grand Kartal Hotel, Tel. 0374/234 50 50, Fax 234 50 47, www.grandkartal.com.*

Saklıkent/Antalya: Nehmen wir an, es ist März, und in Antalya wird gebadet und gesurft, was das Zeug hält. Sie sind schon ganz braun und glücklich. Und dann fahren Sie 50 km nordwestlich in die Beydaglari-Berge. Auf 2200 m Höhe stecken Sie plötzlich bis zu den Knien im Schnee, mieten sich ein paar Skier und sausen durch eine weiße Waldlandschaft. So etwas soll es nirgendwo anders geben! Übernachten können Sie weiterhin in Antalya.

TAUCHEN

In İstanbul, am Mittelmeer und an der Ägäis kann getaucht werden. Von Amateur-Lehrgängen bis hin zu Angeboten für Profis reicht die Palette. In Alanya z. B.fühlt man sich in der *Walter-Schmidt-Tauchbasis* wie zu Hause *(Tel. 0242/513 12 96).*

TREKKING

Die Bergkette des *Taurusgebirges* erstreckt sich über 2000 km Länge. Der höchste Gipfel ist *Demirkızık* (ca. 4000 m). Nach langen Wanderungen durch Pässe und über Bergseen werden Sie in den Zeltlagern der Nomaden mit warmer Suppe empfangen. Übernachten in Antalya. Die vulkanischen Täler von *Kızılçukur, Güllüdere* und *Zindanönü,* die in Felshöhlen gebauten Dörfer und der Damsa-See, wo zum krönenden Abschluss geschwommen werden kann, machen das Trekking in *Kappadokien* zum Erlebnis. Ein besonderer Tipp: Das verlassene Dorf *Golgoli* hat viele ehemals bewohnte Höhlen zum Übernachten.

MIT KINDERN REISEN

Kinder sind jederzeit willkommen

Von Kinderparadiesen in Clubhotels bis hin zu Tauchkursen für die Jüngsten – die interessantesten Angebote

Es ist nicht leicht, in der Türkei »Angebote für Kinder« aufzulisten, denn Kinder sind hier überall willkommen! In diesem wirklich sehr kinderfreundlichen Land werden Sie erleben, dass Ihr Anhang nie als lästig empfunden wird. Verkäufer wie Kellner werden die Kids auf den Arm nehmen und spazieren führen, während Sie in Ruhe schauen oder essen können. Kinder werden beschenkt, beküsst, getätschelt – bis Sie »Stopp« sagen. Manchmal werden Sie das müssen!

Touristische Anlagen haben, sofern sie nicht ausdrücklich für junge Paare oder Singles ausgewiesen sind, alle Fazilitäten für Kinder. Dazu gehören Hochstühle, Kinderzimmer, Animation, Kinderpools. Feriendörfer bieten oft auch Babysitter gegen Bezahlung an. In guten Anlagen am Mittelmeer amüsieren sich die Kids den ganzen Tag untereinander so gut, dass Sie sich auch einmal ruhig am Strand zurücklehnen können.

Acht geben sollten Sie auf große Swimmingpools, die mittlerweile jedes Hotel schmücken – vor allem

In der Türkei werden Kinder nie als lästig empfunden

nachts sind sie eine große Gefahr. Die pralle Mittagssonne ist natürlich zu meiden, Türken lassen ihre Kinder im Sommer zwischen 12 und 16 Uhr nicht hinaus. Lebensmittel sollten nicht offen auf der Straße gekauft und Leitungswasser niemals getrunken werden.

Wenn Ihr Kind von einer der vielen Straßenkatzen oder -hunden gebissen werden sollte, gehen Sie lieber zum Arzt und lassen eine Tollwutimpfung machen. Die gesundheitliche Versorgung ist – mit Ausnahme ganz entlegener Orte – sehr gut, und große Hotels haben ihre eigenen Ärzte.

RUND UM İSTANBUL

Kemerburgaz/Durusu   **[109 D2]**
Nur 40 km von der 12-Millionen-Metropole entfernt liegt ein großes Erholungsgebiet. Hier befinden sich auch die Überreste des römisch-byzantinischen Aquädukts, das vom Baumeister Sinan ergänzt wurde. Auf 500 ha bis hin zum Schwarzen Meer sind ein komfortables Hotel mit Innenpool, ein Reithof mit Ponys sowie eine kleine Eisenbahn. Animationen für Kinder, Mountainbikes und Kanus zu mieten. *Durusu*

Park Resort Hotel, Sales Office: Tel. 0212/232 41 12, Fax 232 20 56, Hotel: 0212/767 90 20 Fax 767 90 20, www.viptourism.com.trdurusu/

Rahmi Koç Sanayi Müzesi [109 E2]

Alles, was die Kids begeistert: Herrliche Modellschiffe und -eisenbahnen, richtige Flugzeuge, Wrackteile, Originaloldtimer – das von einer Großindustriellenfamilie gegründete Museum macht nicht nur die Geschichte der Technik von den ersten astronomischen Geräten bis hin zu Computern anschaulich, es enthält eine Masse wertvoller Originale. In nachgebauten Kapitänsbrücken fühlt man sich wie auf dem Ozean. Anschließend toben in den Parks des Goldenen Horn. *Di–So 10–17 Uhr, Hasköy Cadde 2, Hasköy/İstanbul Tel. 0212/250 89 38*

Zoo in Darıca [109 E3]

Von İstanbul eine Autostunde entfernt ist der private Zoo, der ursprünglich zur Rettung aussterbender Vogelarten angelegt wurde. 1993 eröffnete hier der Tier- und Botanikgarten, in dem von Affen zu Tigern und Braunbären über 350 Arten versammelt sind. Die Affen lieben es, mit Popcorn gefüttert zu werden – und man darf es! Ein großer Abenteuerspielplatz mit Wasserrutsche und Scooter gehört dazu. *Tgl. 8–18 Uhr, Özel Darıca Kuş Cenneti, Bayramoğlu/Tuzla, İstanbul, Tel. 0262/653 57 43 und 653 35 95, Eintritt ca. 5 Euro*

WESTKÜSTE

Ritterburg in Bodrum [116 C4]

Von den St.-Jean-Rittern Anfang des 15. Jhs. erbaut, beispielhaft für die Architektur aus der Periode der Kreuzzüge, beflügelt die große, restaurierte Burg von Bodrum die Phantasie. Auf die vielen Türme klettern und die Wappen der Kreuzritter bewundern. Das Glaswrack, die Amphorenkollektion, die Folterkammer, das »Gästezimmer der Prinzessin Ada« samt ihrem Skelett und nicht zuletzt die vielen Wrackfunde der Unterseearchäologie in der Ägäis machen die Burg zu einem echten Erlebnis. *Kale Meydanı, Bodrum, Di–So 8–12 und 13–17 Uhr, im Sommer 9–19 Uhr*

SÜDKÜSTE

Lykia World/Fethiye [117 E5]

Hinter den lykischen Bergen, in einer pinienbewachsenen Bucht liegt die 360 000 m^2 umfassende Anlage mit einem 750 m langen Kiessandstrand. Das große Kinderparadies des Clubs gehört zu den schönsten im gesamten Mittelmeergebiet: drei beheizbare Planschbecken für Kleinkinder, 15 Rutschbahnen, Abenteuerhöhle, Schatzinsel, Wasserkanonen und Räuberwald. Es gibt Kindertheater, Judo, Fußball, eine Hobby- und Kunstwerkstatt, Skateboards (Juli–Okt.), Trampolin, Tischtennis und Billard sowie Kinderkurse in Schwimmen, Surfen, Segeln, Tennis und Tauchen. Im Preis inbegriffen ist die Betreuung ab 3 Jahren.

Die Kids fahren nach dem Frühstück mit der Bummelbahn in ihr Paradies. Babysitter rund um die Uhr gegen Gebühr, Kinderwagen gegen Pfand. Der Club bietet eine Küche zur Zubereitung von Babynahrung. Überwiegend deutsche und österreichische Kundschaft. *PK 102 Ölüdeniz/Fethiye, Tel. 0252/*

MIT KINDERN REISEN

617 02 00, 617 04 00, Fax 617 03 50, www.silkar.com/lykia world

Tauchen mit Kindern [118 A5]
In Antalya, am Beach von Tekirova, können Sie mit der ganzen Familie Tauch- und Strandferien machen. Die Tauchbasis *Azur* am IFA-Beach-Hotel bietet auch Kurse für Kinder ab 10 Jahren an. Entweder sind die Kleinen mit dabei, wenn die Großen vom Boot aus die wunderbare Unterseewelt und Höhlen erkunden, oder sie machen gleich den einwöchigen Poolkurs mit Flasche und schnuppern vom Ufer aus im Meer (ca. 125 Euro). Ein schmuckes Zertifikat zum Aufhängen gibt's auch. Schnorchel- und Tauchkurse werden auch für Erwachsene angeboten. Das Hotel wird ökologisch bewusst geführt. Buchen über *IFA-Hotel GmbH, Düsseldorfer Straße 50, 47051 Duisburg, Tel. 0203/ 99 27 66 13, Fax 992 76 91 oder Tel. 0130/852545 (zum Nulltarif).* Tauchbasis *Azur* im Hotel: *Tel. 0242/821 40 46, www.azur.de*

SCHWARZMEERKÜSTE

Riverside Club/Ağva [109 E2]
Wo Süß- und Salzwasser zusammenkommen, lässt sich nicht nur tolle Sandburgen bauen: Melden Sie sich bei Ümit Bey – einmalig liegt sein *Riverside Club-Hotel* an dem Fluss Göksu, der im Schwarzmeer mündet. Hoteleigene Kanus, Flussgondel, Tret- und Motorboote erlauben herrliche Erkundungsfahrten am baumgesäumten Fluss. Die Fische müssen vor dem Frühstück gefüttert werden, wer kann, zieht einen Zander heraus. Für ein Urlaub mit Kindern geradezu ideal. Von İstanbul/Üsküdar fahren regel-

Sehr glitschig: Ölringkampf

mäßig Busse nach Ağva. *Riverside Club, Yakuplu Mah. 2, Ağva, Tel. 0216/721 82 93, Fax 721 87 51, umut@riverside.com.tr*

Polonezköy [109 E2]
Mitte des 19. Jhs. von eingewanderten Polen gegründet, lädt das »Polendorf« heute zu einem gepflegten Landurlaub mit Kindern ein. Die Nähe zu İstanbul – nur 25 km – macht das Dorf auch kombiniert mit einem Stadturlaub attraktiv. Im Frühling blüht alles auf, die Obstbäume strahlen in voller Pracht. Im Juni kann bei der Kirschenernte mitgeholfen werden. Und im Winter liegt hier meistens Schnee. Es gibt Fahrräder zu mieten und Ponys zum Reiten. Das Hotel *Polka Country* ist in einem restaurierten Fachwerkhaus untergebracht (*15 Zi, Cumhuriyet Yolu 36, Tel. 0216/ 432 32 20, Fax 432 30 42, www. polkahotel.com*) Essen kann man gut im *Leonardo Restoran (Tel. 0216/432 30 82).*

Angesagt!

**Was Sie wissen sollten über Trends,
die Szene und Kuriositäten in der Türkei**

Tarkan ist sexy
Er ist ein Arbeitersohn aus Deutschland und der größte Star aller Zeiten. Wenn er auftritt, müssen Krankenwagen her, um die weiblichen Fans abzutransportieren. Tarkan ist der absolute Liebling und der meistverdienende Sänger der Türkei – er hat es bis in die internationalen Charts geschafft, und alle warten auf sein englisches Album, damit er auch weltweit Nr.1 wird. Ja, Tarkan ist wirklich der Größte!

Unantastbare Familienehre
Oft werden Sie die Schilder sehen: »Aile Çay Bahçesi« (»Familienteegarten«) oder »Aile Salonu« (»Familiensalon«) steht am Eingang und weist darauf hin, dass die Bereiche der männlichen Junggesellen von denen der Familien und Paare schön getrennt sind. Was in großstädtischen Cafés und Restaurants schon längst der Vergangenheit angehört, ist in einfacheren Esslokalen und auf dem Land sehr angesagt. Schützen soll das Verfahren die Frauen vor lästigen Männerblicken – was ja doch oft vorkommt, vor allem, wenn Mann einige Gläser zu viel getrunken hat.

Basketball
2001 fanden die Europameisterschaften in der Türkei statt und begeisterten ein Millionenpublikum für diesen Sport. Bis dahin galt er als der Zeitvertreib reicher Kids aus dem Collegemilieu. Ein Werbespot mit dem Lied von den »12 Riesen« alias der türkischen Basketballmannschaft machte den Korbball zum absoluten Hit im Land. Und siehe da: Die Türken wurden Vize-Europameister, und nichts liebt der Türke mehr als seine Mannschaften, die endlich international Erfolg haben!

House, Party, Clubber
In İstanbul, İzmir und Ankara wimmelt es vor Partys. Englische und amerikanische DJs reisen extra an, um CDs aufzulegen, die türkische Jugend tanzt und feiert, als ob es keine Probleme auf der Welt gäbe. In İstanbul trifft sich tout le monde in Beyoglu, in der alten Pera, in Lokalen wie *Babylon, Dulcinea* oder *JazzStop*. Die Reichen und Schönen ziehen das noble *Nisantasi* und *Etiler* vor. Hauptsache, die Musik ist laut, die Klamotten sind neu, und das Portemonnaie ist gefüllt.

94

PRAKTISCHE HINWEISE

Von Anreise bis Zoll

Hier finden Sie kurz gefasst die wichtigsten Adressen und Informationen für Ihre Türkeireise

ANREISE

Das normale Verkehrsmittel für Türkeibesucher aus Deutschland ist heute das Flugzeug. Turkish Airlines und Lufthansa fliegen von allen großen Flughäfen täglich nach İstanbul, İzmir oder Ankara. Preiswerter ist es, einen Charterflug zu buchen, der dann auch gleich in die Ferienzentren nach Antalya, Dalaman oder İzmir geht. Vor allem die türkischen Reisebüros sind auf Türkeireisen spezialisiert. Linienflüge in die Türkei kosten um 400 Euro, Charterflüge rund 250 Euro. Außerhalb der Ferien sind Charterflüge auch für 200 Euro zu haben. Die Anreise mit dem eigenen Auto ist über die Route München, Graz, Zagreb, Belgrad, Sofia, Edirne möglich.

Eher exotisch, aber auch möglich sind Bahn- und Schiffsreisen in die Türkei. Von München fährt ein Zug nach İstanbul, der allerdings rund 40 Stunden braucht und auch nicht billiger ist als das Flugzeug. Von Mai bis Oktober kann man vom ungarischen Lebeny mit einem Autoreisezug nach İstanbul fahren. Auskunft: *Optima Tours, München, Tel. 089/59 22 72.*

Schiffe gibt es von Venedig, Brindisi und Bari. Die Fahrt ist schon ein Teil des Urlaubs, kostet aber mit

Auto, Kabine und Vollpension rund 1500 Euro. Auskunft: *RECA Handels GmbH Reiseagentur Sindelfingen, Tel. 07031/86 60 10.*

Das Preiswerteste, aber auch Anstrengendste ist eine Busreise. Busse gibt es hauptsächlich nach İstanbul. Man bucht sie am besten über ein türkisches Reisebüro. Die Reise dauert rund zwei Tage, und der Preisunterschied zu einem Charterflug beträgt kaum mehr als 50 Euro.

AUSKUNFT

Türkisches Fremdenverkehrsamt
– Tauentzienstr. 9–12, 10789 Berlin, Tel. 030/214 37 52, 214 38 52, Fax 214 39 52;
– Baseler Str. 35–37, 60329 Frankfurt/M., Tel. 069/23 30 81, Fax 23 27 51;
– Karlsplatz 3/1, 80335 München, Tel. 089/59 49 02, 59 43 17, Fax 550 41 38;
– Singer Str. 2/8, 1010 Wien, Tel. 01/512 21 28–29, Fax 513 83 26;
– Talstr. 82, 8001 Zürich, Tel. 01/221 08 10–12, Fax 212 17 49

AUTO

Vergessen Sie bei Reisen mit dem eigenen Fahrzeug nicht die grüne Versicherungskarte. Wichtig ist auch eine Kurzkasko- und Insassenunfallversicherung für die gesamte Türkei, denn meistens gilt der Versicherungsschutz nur für den europäischen Teil des Landes. Für eine spätere Schadensregulierung ist ein Polizeiprotokoll erforderlich.

Die zulässigen Höchstgeschwindigkeiten: in Ortschaften 50 km/h, außerhalb 90 km/h und auf Autobahnen 130 km/h. Die Alkoholgrenze beträgt 0,5 Promille.

Kartenmaterial und nützliche Tipps für Autofahrer gibt es beim *ADAC* oder beim *Türkischen Touring- und Automobilclub, TTOK (Türkiye Turing ve Otomobil Kurumu) 1. Oto Sanayii Sitesi yan, 4. Levent, İstanbul, Tel. 0090/212/ 282 81 40, Fax 282 80 42.* TTOK unterhält auf den Strecken Edirne–İstanbul–Ankara sowie İzmir–Ankara einen Pannendienst. *ADAC-Notrufstation* in İstanbul: *Tel. 0212/ 288 71 90-91*

BANKEN & GELDWECHSEL

Die Zeit der Euroschecks ist vorbei, auch Bargeld kann man bis auf kleine Beträge für den Notfall zu Hause lassen. Gehen Sie mit Ihrer EC- oder Kreditkarte an einen Bankautomat und ziehen Sie den Betrag, den Sie brauchen. Bankautomaten gibt es in jeder Stadt. Wenn Sie Bargeld tauschen wollen, gehen Sie zu einem Devisenbüro (*döviz bürosu*), dort bekommen Sie einen wesentlich besseren Kurs als bei der Bank. Auf keinen Fall empfiehlt es sich, vor der Abreise im Heimatland Geld zu tauschen.

BUS

Die Busverbindungen reichen – im Gegensatz zur Bahn – bis in die ent-ferntesten Winkel der Türkei. Aber reduzieren Sie das Unfallrisiko, indem Sie billige Anbieter meiden! Die Firmen Ulusoy und Varan setzen moderne Mercedes-Reisebusse ein; außerdem wird auf längeren Strecken der Fahrer gewechselt. Auskunft über Strecken, Abfahrtzeiten und Preise: *Ulusoy, Tel. 0212/ 658 30 001 (24 Std.), www.ulusoy. com.tr; Varan, Tel. 0216/336 96 10 oder 0212/251 74 74 (24 Std.), www.varan.com.tr*

DIPLOMATISCHE VERTRETUNGEN

Deutsche Botschaft
Atatürk Bulvar 114 (Kavaklıdere), 06540 Ankara, Tel. 0312/ 426 54 65-67, Fax 467 92 81

Deutsches Generalkonsulat
İnönü Cadde 16–18 (Beyoğlu), 80073 İstanbul, Tel. 0212/ 334 61 00, Fax 249 99 20

Österreichische Botschaft
Atatürk Bulvar 189 (Kavaklıdere), 06540 Ankara, Tel. 0312/ 419 04 31, Fax 418 94 54

Österreichisches Generalkonsulat
Köybaş Cadde 46 (Yeniköy), 80870 İstanbul, Tel. 0212/262 93 15, Fax 262 26 22

Schweizer Botschaft
Atatürk Bulvar 247 (Kavaklıdere), 06540 Ankara, Tel. 0312/ 467 55 55, Fax 467 11 99

Schweizer Generalkonsulat
Hüsrev Gerede Cadde 75/3 (Nişantaşı), 80200 İstanbul, Tel. 0212/ 259 11 15, Fax 259 11 18

PRAKTISCHE HINWEISE

€	TL (Mio.)	TL (Mio.)	€
1	1,427	1	0,73
2	2,854	5	3,65
5	7,135	10	7,30
10	14,270	25	18,25
25	35,675	40	29,20
30	42,810	50	36,50
50	71,350	70	51,10
70	99,890	100	73,00
100	142,700	500	365,00

DOLMUŞ

Billig und auch recht vergnüglich sind Fahrten mit den Sammeltaxis *(dolmuş)*. Das sind Kleinbusse, die auf bestimmten Strecken verkehren und überall dort anhalten, wo Fahrgäste ein- oder aussteigen möchten.

EINREISE

Deutsche und Schweizer brauchen für einen bis zu drei Monate langen Aufenthalt lediglich ihren gültigen Pass oder Personalausweis vorzulegen. Österreicher müssen bei der Einreise ein Visum erwerben.

FOTOGRAFIEREN

Das Ablichten von Einrichtungen und Fahrzeugen von Armee und Polizei ist streng untersagt. Dazu gehören auch Brücken und bestimmte Häfen. Der Islam verbietet das Porträtieren – sagen Strenggläubige. Bitte keine verschleierten Frauen fotografieren. Wenn man nicht ausdrücklich zu einem Foto aufgefordert wird, sollte man abweisende Handbewegungen respektieren. Meist genügen ein fragender Blick und ein Lächeln zur Verständigung. Filme sind teurer als in Deutschland, die Entwicklung ist dafür deutlich billiger.

GESUNDHEIT

Das Leitungswasser in den türkischen Großstädten eignet sich nicht zum Trinken. In den staatlichen Krankenhäusern (SSK Hastanesi) müssen Sie Ihren für die Türkei ausgestellten Auslandskrankenschein gegen einen gültigen Behandlungsschein eintauschen, dann werden Sie kostenlos behandelt. Daneben gibt es auch Privatkliniken, die meist weniger überfüllt und besser ausgestattet sind. In Apotheken *(eczane)* erhalten Sie viele gängige Medikamente billiger als in Deutschland.

INTERNET

Im Internet gibt es eine Fülle von informativen Websites über die Türkei. Die besten sind in Englisch:

Was kostet wie viel?

Kaffee — **40 Cent** in der Regel für eine Tasse Nescafé

Tee — **25 Cent** für ein Glas

Imbiss — **1 Euro** für einen Döner

Wasser — **30 Cent** für Mineralwasser/Cola

Benzin — **1 Euro** für einen Liter Super

Briefmarke — **50 Cent** in die EU

www.istanbulcityguide.com (İstanbuler City-Heft online mit Terminkalender), *www.hotelguide.com.tr/eng/index/html* (Hotels in der ganzen Türkei), *www.biggtravel. com* (sehr informativ mit Suchfunktion). In Deutsch sind empfehlenswert: *www.ratgeber-tuerkei.de* (mit vielen nützlichen Links), *http://www.nere dennereye.com/int/index.php3?lid =3* (Reiseplaner mit Suchfunktion).

INTERNETCAFÉS

Es gibt viele Internetprovider, von denen Superonline (www.superon line.com) der beste ist. Auch e-kolay (www.e-kolay.net) funktioniert ganz gut. Erkundigen Sie sich zu Hause bei Ihrem Provider, ob Sie in der Türkei ins Netz kommen. Gute Hotels haben oft auf dem Zimmer oder in der Lobby Internetanschluss, fast alle Hostels sind damit ausgestattet.

Internetcafés finden sich in fast allen Ecken der Türkei. Surfen kostet ab 2 Euro pro Stunde.

Antalya

Greenpoint Internet&Ice Café, Güllük Cadde Çankaya 2 Apt. Kat 2/5, Güllük, Tel. 0242/244 49 84, green point@aidata.com.tr

Bodrum

Palmiye Internet Café, Neyzen Tevfik Cadde 196, Tel. 0252/313 81 94, palmiye@efes.net.tr

İstanbul

Yağmur Cybercafé, Şeyh Bender Sokak, Tünel, Beyoğlu, Tel. 0212/ 292 30 20, café@citlembik.com.tr

LITERATUR

Yasar Kemal: Memed mein Falke. Heldengeschichte von einem Hir-

www.marcopolo.de

Das Reiseweb mit Insider-Tipps

Mit Informationen zu mehr als 4 000 Reisezielen ist MARCO POLO auch im Internet vertreten. Sie wollen nach Paris, in die Dominikanische Republik oder ins australische Outback? Per Mausklick erfahren Sie unter www.marcopolo.de das Wissenswerte über Ihr Reiseziel. Zusätzlich zu den Reiseführerinfos finden Sie online:

• täglich aktuelle Reisenews und interessante Reportagen
• regelmäßig Themenspecials und Gewinnspiele
• Miniguides zum Ausdrucken

Gestalten Sie MARCO POLO im Web mit: Verraten Sie uns Ihren persönlichen Insider-Tipp, und erfahren Sie, was andere Leser vor Ort erlebt haben. Und: Ihre Lieblingstipps können Sie in Ihrem MARCO POLO Notizbuch sammeln. Entdecken Sie die Welt mit www.marcopolo.de! Holen Sie sich die neuesten Informationen, und haben Sie noch mehr Spaß am Reisen!

PRAKTISCHE HINWEISE

tenjungen, der sich gegen einen brutalen Großgrundbesitzer stellt.

Geschichten aus der Geschichte der Türkei. Hrsg.: Yüksel Pazarkaya u. Güney Dal. 26 Autoren erzählen aus der jungen Geschichte der Türkischen Republik.

Orhan Pamuk: Die weiße Festung. Parabel über die Konflikte zwischen westlicher Moderne und Tradition, angesiedelt in der Hochzeit des Osmanenreiches.

MIETWAGEN

Die großen Agenturen wie Sixt/Budget, Hertz, Avis oder Europcar haben auch in der Türkei zahlreiche Vertretungen. Die Preise sind zum Teil sehr happig: Kleinwagen ab 40 Euro pro Tag (inkl. Vollkasko, Diebstahlversicherung und aller Kilometer). Buchungen von Deutschland aus sind günstiger. Für den Vertrag genügen Führerschein und Pass oder Ausweis.

NOTRUF

Polizei: 155; Feuer: 110; Notarzt: 112

POST

Postkästen gibt es in der Türkei nicht mehr. Man gibt Briefe und Postkarten in den Hotels oder Postämtern (PTT) ab.

PREISE & WÄHRUNG

Die Türkei ist seit Jahren ein Hochinflationsland, deshalb werden Sie hier sofort zum Millionär. Eine Million türkische Lira entspricht noch nicht einmal einem Euro, Sie haben es deshalb immer mit großen Schei-

nen zu tun. Es gibt neben den Münzen, die alle nur wenige Cent wert sind, 500 000-Lira-Scheine, 1-Million-, 5-Millionen-, 10-Millionen- und 20-Millionen-Lira-Scheine. Selbst der größte Schein entspricht nur dem Gegenwert von knapp 15 Euro. Wenn Sie Geld getauscht haben, tragen Sie deshalb entsprechend dicke Bündel mit sich herum.

STROM

Netzspannung 220 Volt Wechselstrom. Gebräuchlich sind die auch in Deutschland und Österreich verwendeten zweipoligen, runden Stecker.

TAXI

In den Großstädten ist die gelbe Flotte unübersehbar und immer in Ihrer Nähe, wenn Sie sie brauchen. Bestehen Sie darauf, dass das Taxameter eingeschaltet wird, lassen Sie sich nicht auf Pauschalpreise ein. Besteigen Sie nie ein Taxi ohne Wechselgeld. Zu große Scheine bringen viele Fahrer in Verlegenheit.

TELEFON & HANDY

An größeren Plätzen und Kreuzungen stehen die türkisfarbenen Telefonzellen der Türk Telekom. Die Apparate funktionieren mit Telefonkarten, die in Postämtern und an Kiosken erhältlich sind.
Vorwahl Deutschland: 0049
Vorwahl Österreich: 0043
Vorwahl Schweiz: 0041
Vorwahl Türkei: 0090

Handys sind in der Türkei sehr gebräuchlich, das Land ist flächendeckend für den Handyempfang ausgerüstet. Deutsche Handys funktionieren, es ist aber sehr kostspielig, sie zu benutzen. Auch wenn Sie aus Deutschland angerufen werden, zahlen Sie den halben Preis selbst. Preiswerter ist es, sich in der Türkei eine so genannte »Hazir Card« zu kaufen – damit können Sie eine bestimmte Anzahl von Einheiten herunterladen und vertelefonieren. Vor allem aber können Sie damit angerufen werden, ohne selbst zahlen zu müssen. Die beiden größten Mobilfunkanbieter sind *Turkcell* und *Telsim*, wovon *Turkcell* das bessere Netz hat.

TRINKGELD

In Restaurants und Hotels sind zehn Prozent Trinkgeld üblich. Beim Bezahlen einer Taxifahrt kann man etwas aufrunden, Trinkgelder werden aber nicht erwartet.

ZEITUNTERSCHIED

Die Türkei ist uns um eine Stunde voraus, auch während der Sommerzeit, die in der Türkei am gleichen Tag beginnt und endet wie in Deutschland.

ZOLL

Ausländische und türkische Währung darf in unbegrenzter Höhe eingeführt werden. Die Ausfuhr von über 100 Jahre alten Antiquitäten und antiken Fundstücken ist streng verboten. Für Teppiche und andere Wertgegenstände unbedingt die Kaufquittung aufbewahren. Nach Deutschland dürfen u. a. eine Stange Zigaretten, 250 g Rauchtabak oder 50 Zigarren, ein Liter Spirituosen und zwei Liter Wein eingeführt werden.

Wetter in İzmir

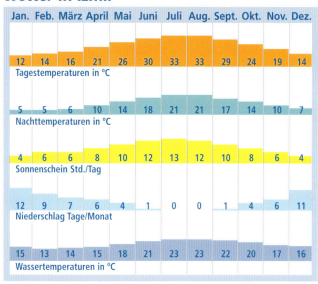

SPRACHFÜHRER TÜRKISCH

Türkçe biliyormusun?

»Sprichst du Türkisch?«
Dieser Sprachführer hilft Ihnen, die wichtigsten
Wörter und Sätze auf Türkisch zu sagen

Zur Erleichterung der Aussprache:

ı	nur angedeutetes »e« wie in »bitt**e**n, dank**e**n«, Bsp.: ırmak
c	wie in »In**ge**nieur«, Bsp.: cam
ç	wie in »Tscheche, deu**tsch**«, Bsp.: çan
h	wie in »Ba**ch**, no**ch**«, Bsp.: hamam
ğ	»Dehnungs-g«, wird nicht ausgesprochen. Entspricht deutschem »Dehnungs-h« in »Za**h**n«, Bsp.: yağmur
j	wie in »Gara**g**e, Lo**g**e«, Bsp.: jilet
ş	wie in »**sch**ön, Ti**sch**«, Bsp.: şeker
v	wie in »**W**asser, **V**ioline«, Bsp.: vermek
y	wie in »**j**eder«, Bsp.: yok
z	wie in »le**s**en, rei**s**en«, Bsp.: deniz

AUF EINEN BLICK

Ja./Nein.	Evet./Hayır.
Bitte./Danke.	Lütfen./Teşekkür ederim.
Gern geschehen.	Rica ederim.
Entschuldigung!	Afedersiniz!/Özür dilerim.
Wie bitte?	Efendim?/Nasıl?
Ich verstehe Sie/dich nicht.	Sizi/Seni anlayamıyorum.
Ich spreche nur wenig …	Biraz … konuşuyorum.
Können Sie mir bitte helfen?	Lütfen bana yardım eder misiniz?
Ich möchte …	… istiyorum.
Das gefällt mir (nicht).	Bu hoşuma gidiyor (gitmiyor).
Haben Sie …?	Sizde … var mı?
Wie viel kostet es?	Bu kaça?
Wie viel Uhr ist es?	Saat kaç?

KENNENLERNEN

Guten Morgen!	Günaydın!
Guten Tag!	İyi günler!/Merhaba!
Guten Abend!	İyi akşamlar!
Hallo! Grüß dich!	Merhaba!/Selâm!
Wie ist Ihr Name, bitte?	İsminiz nedir?/Adınız nedir?

Mein Name ist ...	İsmim ...
Wie geht es Ihnen/dir?	Nasılsınız?/Nasılsın?
Danke. Und Ihnen/dir?	Teşekkür ederim. Siz nasılsınız?/
	Sen nasılsın?
Auf Wiedersehen!	Allaha ısmarladık!
Tschüss!	Eyvallah!/Hoşça kal!
Bis bald!	Yakında görüşmek üzere!
Bis morgen!	Yarın görüşmek üzere!

UNTERWEGS

Auskunft

links/rechts	sol/sağ
geradeaus	doğru
nah/weit	yakın/uzak
Wie weit ist das?	Ne kadar uzaklıkta?
Ich möchte für zwei Tage	İki günlüğüne ... kiralamak istiyorum.
... mieten.	
... einen Wagen ...	... bir araba ...
... ein Fahrrad ...	... bir bisiklet ...
Bitte, wo ist ...	Affedersiniz, ... nerede?
... der Hauptbahnhof?	... merkez istasyonu, ana gar ...
... die U-Bahn?	... metro ...
... der Flughafen?	... hava alanı/limanı ...
Zum ... Hotel.	... oteline.

Panne

Ich habe eine Panne/	Bir arıza/patlak lastik var.
einen Platten.	
Würden Sie mir bitte	Lütfen, bana bir tamirci/
einen Mechaniker/einen	bir çekme arabası gönderir misiniz?
Abschleppwagen schicken?	
Wo ist hier in der Nähe	Yakında nerede bir tamirhane var?
eine Werkstatt?	

Tankstelle

Wo ist bitte die nächste	En yakın benzinci nerede acaba?
Tankstelle?	
Ich möchte ... Liter ...	... litre istiyorum
... Normalbenzin.	... normal benzin.
... Super./... Diesel.	... süper./motorin.
... bleifrei/... verbleit.	... kurşunsuz/kurşunlu.
Voll tanken, bitte.	Doldurun/Ful, lütfen.

Unfall

Hilfe!	İmdat!
Achtung!/Vorsicht!	Dikkat!

SPRACHFÜHRER TÜRKISCH

Rufen Sie bitte schnell …	Acele … çağırın, lütfen.
… einen Krankenwagen.	… ambülans …
… die Polizei.	… polisi …
… die Feuerwehr.	… itfaiyeyi …
Haben Sie Verbandszeug?	Sargı malzemeniz var mı?
Es war meine/Ihre Schuld.	Benim suçumdu./Sizin suçunuzdu.
Ich möchte den Schaden durch meine Versicherung regeln lassen.	Hasarı sigortam aracılığıyla düzelttirmek istiyorum.
Geben Sie mir bitte Ihren Namen und Ihre Anschrift.	Lütfen bana isim ve adresinizi verin.

ESSEN/UNTERHALTUNG

Wo gibt es hier …	Burada nerede … var?
… ein gutes Restaurant?	… iyi bir lokanta …
… ein typisches Restaurant?	… tipik bir lokanta …
Gibt es hier eine gemütliche Kneipe?	Burada rahat bir meyhane var mı?
Reservieren Sie uns bitte für heute Abend einen Tisch für vier Personen.	Bu akşama dört kişilik bir masa ayırın lütfen.
Auf Ihr Wohl!	Sağlığınıza!
Bezahlen, bitte.	Hesabı lütfen.
Hat es geschmeckt?	Hoşunuza gitti mi?
Das Essen war ausgezeichnet.	Yemek çok güzeldi.
Wo werden Bauchtänze aufgeführt?	Göbek dansı nerede gösteriliyor?

EINKAUFEN

Wo finde ich …	Nerede … bulabilirim?
… eine Apotheke?	… eczane …
… eine Bäckerei?	… fırın, ekmekçi …
… Fotoartikel?	… fotoğraf malzemesi …
… ein Kaufhaus?	… büyük mağaza, süpermarket …
… ein Lebensmittelgeschäft?	… bakkal, gıda satış mağazası …
… den Markt?	… pazar/çarşi …

ÜBERNACHTUNG

Können Sie mir bitte … empfehlen?	Bana … tavsiye edebilir misiniz, lütfen?
… ein gutes Hotel …	… iyi bir otel …
… eine Pension …	… bir pansiyon …
Haben Sie noch Zimmer frei?	Boş odanız var mı?

ein Einzelzimmer	tek kişilik bir oda
ein Zweibettzimmer	çift yataklı bir oda
mit Dusche/Bad	duşlu/banyolu
für eine Nacht	bir gecelik
für eine Woche	bir haftalık
Ich habe bei Ihnen ein Zimmer reserviert.	Ben bir oda ayırttım.
Was kostet das Zimmer mit ...	Bu oda ... kaça?
... Frühstück?	... kahvaltılı ...
... Halbpension?	... akşam/öğlen yemekli (yarım pansiyon) ...

PRAKTISCHE INFORMATIONEN

Arzt

Können Sie mir einen guten Arzt empfehlen?	Bana iyi bir doktor tavsiye edebilir misiniz?
Ich habe Kopfschmerzen.	Benim başım ağrıyor.
Ich habe Fieber.	Ateşim var.
Ich habe hier Schmerzen.	Buram ağrıyor.

Bank

Wo ist hier bitte eine Bank?	Nerede banka var?
Ich möchte ... Euro (Schweizer Franken) in türkische Lira umwechseln.	Euro (Isviçre Frankı) karşılığında Türk Lirası istiyorum.

Post

Was kostet ...	Bir ... kaça gidiyor?
... ein Brief ...	... mektup ...
... eine Postkarte ...	... posta kartı ...
... nach Deutschland?	... Almanya'ya?

ZAHLEN

1	bir	13	on üç	50	elli
2	iki	14	on dört	60	altmış
3	üç	15	on beş	70	yetmiş
4	dört	16	on altı	80	seksen
5	beş	17	on yedi	90	doksan
6	altı	18	on sekiz	100	yüz
7	yedi	19	on dokuz	200	iki yüz
8	sekiz	20	yirmi	1000	bin
9	dokuz	21	yirmi bir	2000	iki bin
10	on	22	yirmi iki	10000	on bin
11	on bir	30	otuz	1/2	yarım
12	on iki	40	kırk	1/4	çeyrek

REISEATLAS

Reiseatlas Türkei

Die Seiteneinteilung für den Reiseatlas finden Sie auf dem hinteren Umschlag dieses Reiseführers

Mit freundlicher Unterstützung von

kein urlaub ohne
holiday autos

www.holidayautos.com

anzeige

total relaxed in den urlaub: einsteiger-übung

1. lehnen sie sich entspannt zurück und gleiten sie in gedanken zu den cleveren angeboten von holiday autos. stellen sie sich vor, als weltgrösster vermittler von ferienmietwagen bietet ihnen holiday autos

   - mietwagen in über 80 urlaubsländern
   - zu äusserst attraktiven preisen

2. vergessen sie jetzt die üblichen zuschläge und überraschungen. dank

   - alles inklusive tarife
   - wegfall der selbstbeteiligung
   - und min. 1,5 mio € haftpflichtdeckungssumme (usa: 1,1 mio €)

   steht ihr endpreis bei holiday autos von anfang an fest.

3. nehmen sie ganz ruhig den hörer, wählen sie die telefonnummer **0180 5 17 91 91 (12cent/min)**, surfen sie zu **www.holidayautos.com** oder fragen sie in ihrem reisebüro nach den topangeboten von holiday autos!

kein urlaub ohne

holiday autos

KARTENLEGENDE REISEATLAS

Autobahn, mehrspurige Straße - in Bau Highway, multilane divided road - under construction		Autoroute, route à plusieurs voies - en construction Autosnelweg, weg met meer rijstroken - in aanleg
Fernverkehrsstraße - in Bau Trunk road - under construction		Route à grande circulation - en construction Weg voor interlokaal verkeer - in aanleg
Hauptstraße Principal highway		Route principale Hoofdweg
Nebenstraße Secondary road		Route secondaire Overige verharde wegen
Fahrweg, Piste Practicable road, track		Chemin carrossable, piste Weg, piste
Straßennummerierung Road numbering	E20 11 70 26	Numérotage des routes Wegnummering
Entfernungen in Kilometer Distances in kilometers	259 130 129	Distances en kilomètres Afstand in kilometers
Höhe in Meter - Pass Height in meters - Pass	1365	Altitude en mètres - Col Hoogte in meters - Pas
Eisenbahn - Eisenbahnfähre Railway - Railway ferry		Chemin de fer - Ferry-boat Spoorweg - Spoorpont
Autofähre - Schifffahrtslinie Car ferry - Shipping route		Bac autos - Ligne maritime Autoveer - Scheepvaartlijn
Wichtiger internationaler Flughafen - Flughafen Major international airport - Airport		Aéroport importante international - Aéroport Belangrijke internationale luchthaven - Luchthaven
Internationale Grenze - Provinzgrenze International boundary - Province boundary		Frontière internationale - Limite de Province Internationale grens - Provinciale grens
Unbestimmte Grenze Undefined boundary		Frontière d'Etat non définie Rijksgrens onbepaalt
Zeitzonengrenze Time zone boundary		Limite de fuseau horaire Tijdzone-grens
Hauptstadt eines souveränen Staates National capital	**STOCKHOLM**	Capitale nationale Hoofdstad van een souvereine staat
Hauptstadt eines Bundesstaates Federal capital	**Nancy**	Capitale d'un état fédéral Hoofdstad van een deelstaat
Sperrgebiet Restricted area		Zone interdite Verboden gebied
Nationalpark National park		Parc national Nationaal park
Sehenswerter Ort Place of interest	Zakopane	Localité remarquable Bezienswaardige plaats
Besondere Sehenswürdigkeit Object of particular interest	Meteóra	Curiosité intéressante Bijzonder bezienswaardigheid
Antikes Baudenkmal Ancient monument	∴	Monuments antiques Antiek monument
Sonstige Sehenswürdigkeit Other object of interest	✻ ✻	Autres curiosités Overige bezienswaardigheden
Brunnen Well		Puits Bron
Ausflüge & Touren Excursions & tours		Excursions & tours Uitstapjes & tours

107

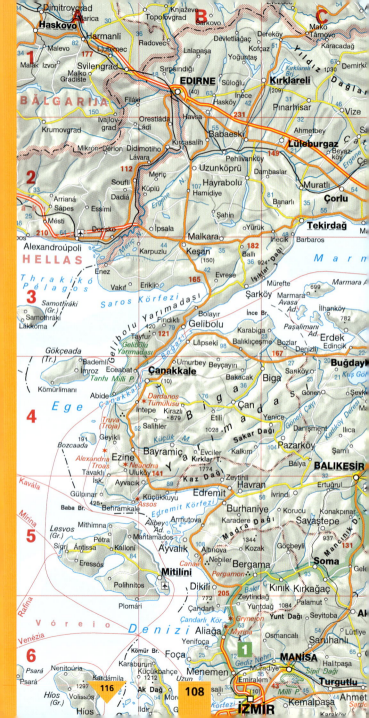

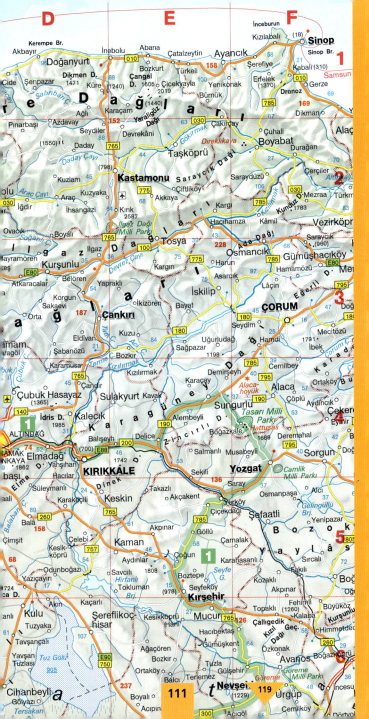

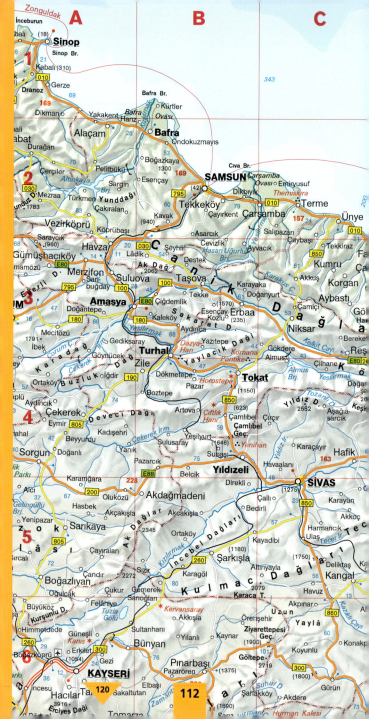

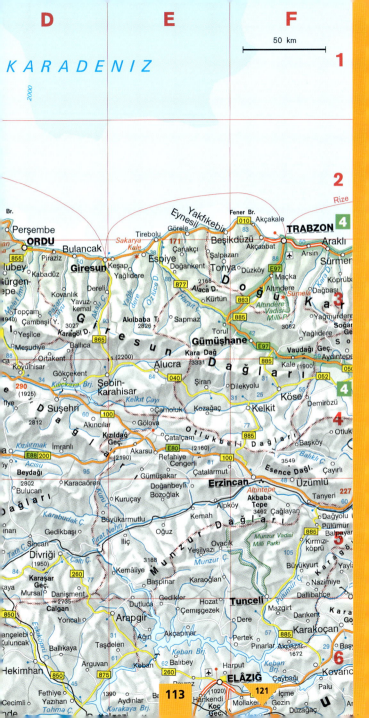

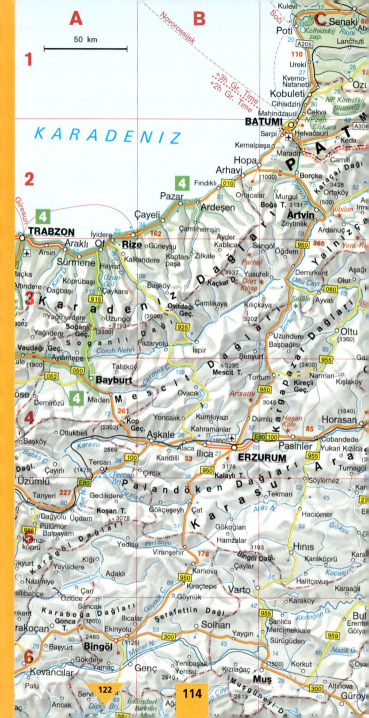

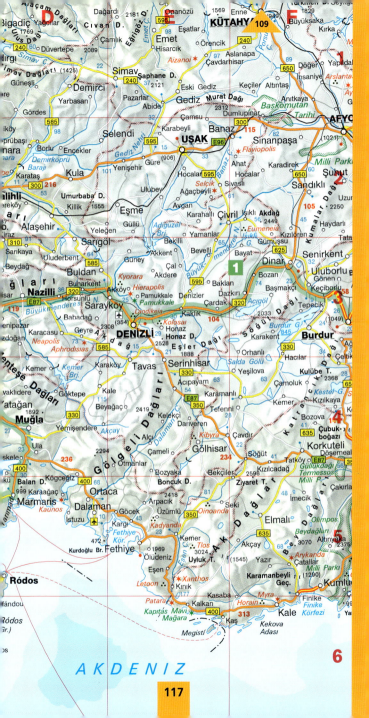

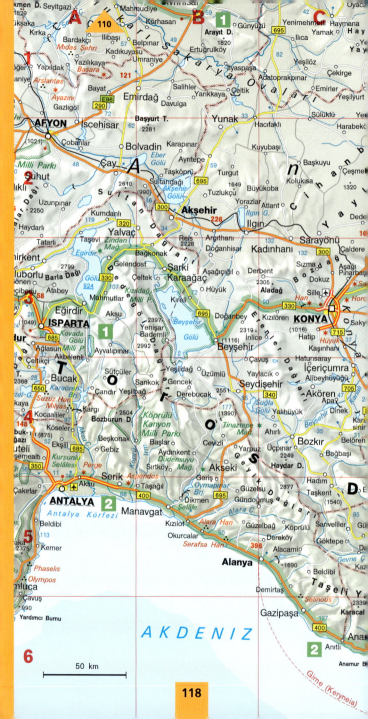

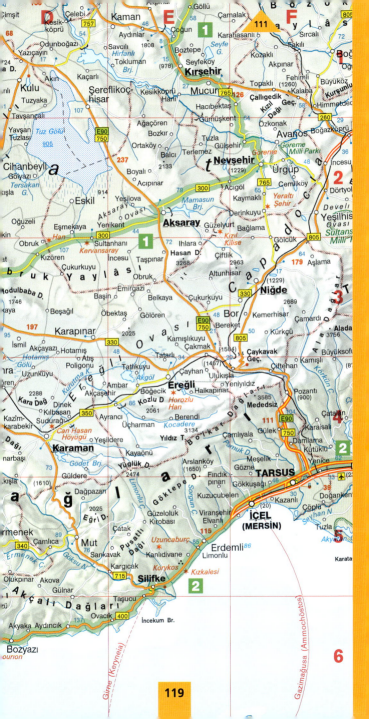

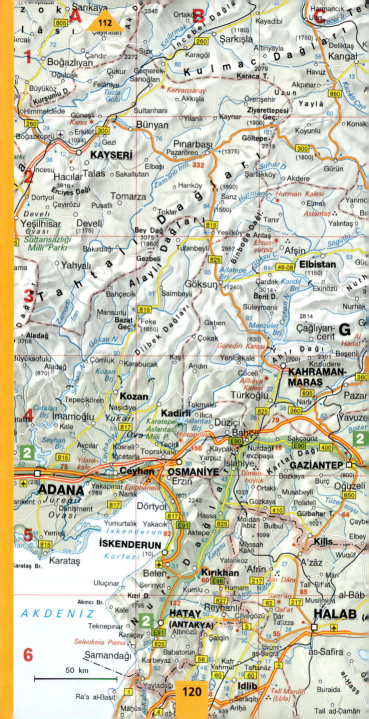

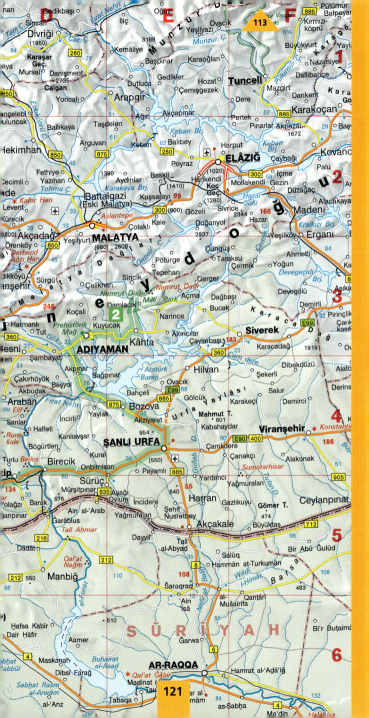

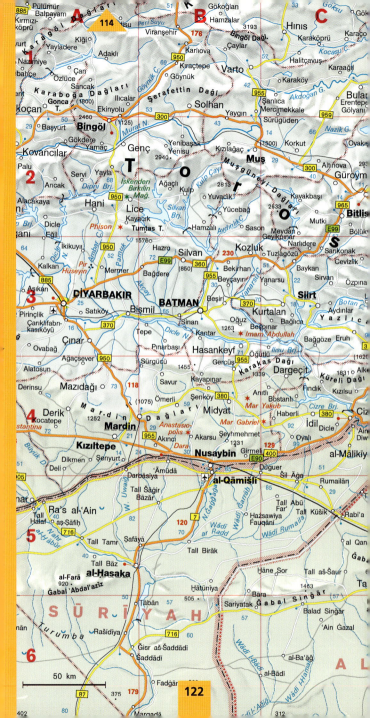

anzeige

total relaxed in den urlaub: übung für fortgeschrittene

1. schliessen sie die augen und denken sie intensiv an das wunderbare wort „ferienmietwagen zum alles inklusive preise". stellen sie sich viele extras vor, die bei holiday autos alle im preis inbegriffen sind:

- unbegrenzte kilometer
- haftpflichtversicherung mit min. 1,5 mio €uro deckungssumme (usa: 1,1 mio €uro)
- vollkaskoversicherung ohne selbstbeteiligung
- kfz-diebstahlversicherung ohne selbstbeteiligung
- alle lokalen steuern
- flughafenbereitstellung
- flughafengebühren

2. atmen sie tief ein und lassen sie vor ihrem inneren auge die zahlreichen auszeichnungen vorbeiziehen, die holiday autos in den letzten jahren erhalten hat.

   sie buchen ja nicht irgendwo.

3. nehmen sie ganz ruhig den hörer, wählen sie die telefonnummer **0180 5 17 91 91** (12cent/min), surfen sie zu **www.holidayautos.com** oder fragen sie in ihrem reisebüro nach den topangeboten von holiday autos!

kein urlaub ohne

holiday autos

MARCO ⊕ POLO

Für Ihre nächste Reise gibt es folgende Titel:

Deutschland
Allgäu
Amrum/Föhr
Bayerischer Wald
Berlin
Bodensee
Chiemgau/
   Berchtesgaden
Dresden
Düsseldorf
Eifel
Erzgebirge/Vogtl.
Franken
Frankfurt
Hamburg
Harz
Heidelberg
Köln
Leipzig
Lüneburger Heide
Mark Brandenburg
Mecklenburgische
   Seenplatte
Mosel
München
Nordseeküste:
   Schleswig-Holst.
Oberbayern
Ostfries. Inseln
Ostfriesland:
   Nordseeküste
   Niedersachsen
Ostseeküste:
   Mecklenburg-
   Vorpommern
Ostseeküste:
   Schleswig-Holst.
Pfalz
Potsdam
Rügen
Schwarzwald
Spreewald/Lausitz
Stuttgart
Sylt
Thüringen
Usedom
Weimar
Die besten Weine
   in Deutschland
Die tollsten
   Musicals in
   Deutschland

Frankreich
Bretagne
Burgund
Côte d'Azur
Disneyland Paris
Elsass
Frankreich
Frz. Atlantikküste
Korsika
Languedoc-
   Roussillon
Loire-Tal
Normandie
Paris
Provence

Italien
Malta
Capri
Dolomiten
Elba
Emilia-Romagna
Florenz
Gardasee
Golf von Neapel
Ischia
Italien
Italien Nord
Italien Süd
Ital. Adria
Ital. Riviera
Mailand/
   Lombardei
Malta
Oberital. Seen
Piemont/Turin
Rom
Sardinien
Sizilien
Südtirol
Toskana
Umbrien
Venedig
Venetien/Friaul

Spanien
Portugal
Algarve
Andalusien
Azoren
Barcelona
Costa Blanca
Costa Brava
Costa del Sol/
   Granada
Fuerteventura
Gomera/Hierro
Gran Canaria
Ibiza/Formentera
Lanzarote
La Palma
Lissabon
Madeira
Madrid
Mallorca
Menorca
Portugal
Spanien
Teneriffa

Nordeuropa
Bornholm
Dänemark
Finnland
Island
Kopenhagen
Norwegen
Schweden

Osteuropa
Baltikum
Budapest
Königsberg/Ost-
   preußen Nord
Masurische Seen
Moskau
Plattensee
Polen
Prag
Riesengebirge
Rumänien
Russland
St. Petersburg
Slowakei
Tschechien
Ungarn

Österreich
Schweiz
Berner Oberland/
   Bern
Kärnten
Österreich
Salzburg/
   Salzkammergut
Schweiz
Tessin
Tirol
Wien
Zürich

Westeuropa
und Benelux
Amsterdam
Brüssel
England
Flandern
Irland
Kanalinseln
London
Luxemburg
Niederländ. Küste
Niederlande
Schottland
Südengland
Wales

Südosteuropa
Athen
Bulgarien
Chalkidiki
Griechenland
   Festland
Griechische
   Inseln/Ägäis
Ionische Inseln
Istrien/Kvarner
Istanbul
Korfu
Kos
Kreta
Kroatische Küste
Peloponnes
Rhodos
Samos
Türkei
Türkische
   Mittelmeerküste
Zypern

Nordamerika
Alaska
Chicago und
   die Großen Seen
Florida
Hawaii
Kalifornien
Kanada
Kanada Ost
Kanada West
Los Angeles
New York
Rocky Mountains
San Francisco
USA
USA Neuengland
USA Ost
USA Südstaaten
USA Südwest
USA West
Washington, D.C.

Mittel- und
Südamerika
Antarktis
Antarktis
Argentinien/
   Buenos Aires
Bahamas
Barbados
Brasilien/
   Rio de Janeiro
Chile
Costa Rica
Dominikanische
   Republik
Ecuador/
   Galapagos
Jamaika
Karibik I
Karibik II
Kuba
Mexiko
Peru/Bolivien
Südamerika
Venezuela
Yucatán

Afrika
Vorderer Orient
Ägypten
Dubai/Emirate/
   Oman
Israel
Jemen
Jerusalem
Jordanien
Kenia
Libanon
Marokko
Namibia
Südafrika
Syrien
Türkei
Türkische
   Mittelmeerküste
Tunesien

Asien
Bali/Lombok
Bangkok
China
Hongkong
Indien
Japan
Ko Samui/
   Ko Phangan
Malaysia
Nepal
Peking
Philippinen
Phuket
Singapur
Sri Lanka
Taiwan
Thailand
Tokio
Vietnam

Indischer Ozean
Pazifik
Australien
Hawaii
Malediven
Mauritius
Neuseeland
Seychellen
Südsee

Sprachführer
Arabisch
Englisch
Französisch
Griechisch
Italienisch
Kroatisch
Niederländisch
Norwegisch
Polnisch
Portugiesisch
Russisch
Schwedisch
Spanisch
Tschechisch
Türkisch
Ungarisch

In diesem Register sind alle in diesem Führer erwähnten Orte und Ausflugsziele verzeichnet. Halbfette Seitenzahlen verweisen auf den Haupteintrag, kursive auf ein Foto.

Adıyaman 84
Ağva 93
Akdamar Kilisesi 71
Aksaray 60, 82
Akşehir 25
Alanya *42*, **44f.**, 83, 89
Amasra 74
Amasya 73f.
Anamur *44*, **45**, 83
Ani 71
Ankara 11, 16, 55f., 81
Antakya 10, **83**
Antalya 43, **46f.**, 83, 89, 93
Ararat *7*, 65, 71, 87
Aspendos *17*, 25, **47f.**, Assos 36
Avanos 58
Ayancık 76
Ayder-Plateau **77f.**, 85
Balıkesir 81
Bayburt 79
Bergama 23
 (s. auch Pergamon)
Beyoğlu 25
Beyşehir-See 63, 83
Bilbilan 78
Bodrum 29, *84*, 92
Boğazkale **58**, 82
Bozburun 53
Bozcaada 35, **36**
Bursa 15, **32f.**, 81
Camlıhemşin 85
Çanakkale 35f.
Candarli 9
Çatal Hüyük *7*, **63**
Çeşme 39
Cumalıkızık **34**
Dalyan **53**, 84
Darıca 92
Datça **53**, 85
Derinkuyu 59, 82
Denizli 41, 83
Dilek Yanmadası Milli Parkı 39

Didyma 40
Diyarbakır 66f.
Doğubeyazit 71
Durusu 91
Edirne 11, *14*
Ephesos 10, 29, **39**, 40, 83
Erzurum 13, 71
Fethiye **48f.**, 92
Foça 40
Gedevet 45
Gerze 76
Göcek 53
Gökçeada 35, **36**
Göreme 58, 82
Golgoli 89
Gümüşlük 32
Güzelçamir 39
Hamsaroz Koyu 76
Harran 68
Hattuşa 58, 82
Heiligkreuzkirche Akdamar 71
Ihlara 60
Ihlara Vadisi s. Peristrema-Tal
Ilica 39
İşhak Paşa Sarayı 71
İşhan Kilesi 78
Issos *11*
İstanbul 10, 11, 15, **26f.**
İzmir 11, **37f.**, 81
Kaçkar-Gebirge 77, 85
Kale/Myra 24
Kale/Simena 51
Kaleköy 51
Kanlica 27
Kappadokien *7*, 55, **58 ff.**, 82, 89
Karadağ-Plateau 78
Karadut 84
Kars 71
Kaş 51
Kaunos *52*

Kaymaklı 59
Kayseri 23, 58
Kekova 51
Kirche von Işhan 78
Kızılkcahamam 58
Kızıldağ Milli Parkı 63
Knidos 85
Köprülü Kanyon Milli Parkı 48
Konya 10, 23, **61f.**, 82
Kuşadası **40**, 83
Langer See 79
Manavgat-Wasserfälle 46
Mardin 67
Marmaris 43, **52f.**, 84, 84
Midyat 67, 68
Milas 84, 85
Milet 40
Muğla 84
Mustafapaşa 59
Nationalparks:
– Dilek 39
– Kızıldağ 63
– Köprülü Cañon 48
– Soğuksu 58
– Sultansazhğı 60
Nemrut Dağı *65*, **69**, 83, 84
Nevşehir 58, 82
Niğde 58
Ölüdeniz **49f.**, *88*
Olympos 51
Ortaköy 27
Ovaçiftliği 60
Pamukkale 29, **40**, *41*, 82
Patara *43*, **50**,
Pergamon 29, **41**, *80*, 81
Peristrema-Tal 60
Polonezköy 93
Resadye 53, 84
Rize *72*, **78**

REGISTER

Safranbolu 74
Şanlıurfa **68**, 83
Saklikent Kanyon 50
Schmetterlingstal 50
Selge 48
Side 25
Silifke 83
Sinop 75f.
Soğuksu Milli Parkı 58

Sumela-Kloster **79**, 85
Sungurlu 58, 82
Sultanhanı Kervansaray **63**, 82
Sultansazhğı Milli Parkı 60
Sürmene 85
Taurusgebirge 7, 43, 87
Termessos 48

Trabzon **76f.**, 85
Troja 29, **37**
Tur Abdin 67
Uçhisar 60
Ürgüp 59, **60**
Uludağ 35, 81
Uzun-Göl 79, 85
Uşak 23
Van 70f.

Schreiben Sie uns!

Liebe Leserin, lieber Leser,

wir setzen alles daran, Ihnen möglichst aktuelle Informationen mit auf die Reise zu geben. Dennoch schleichen sich manchmal Fehler ein – trotz gründlicher Recherche unserer Autoren/innen. Sie haben sicherlich Verständnis, dass der Verlag dafür keine Haftung übernehmen kann. Wir freuen uns aber, wenn Sie uns schreiben.

Senden Sie Ihre Post an die MARCO POLO Redaktion, Mairs Geographischer Verlag, Postfach 31 51, 73751 Ostfildern, marcopolo@mairs.de

Impressum

Titelbild: Iznik, Yesil Camii (R. Hackenberg)
Fotos: O. Baumli (46); W. Dieterich (5 r., 12, 28, 40, 41, 42); J. Gläser (94); R. Hackenberg (U M., 2 o., 4, 6, 7, 9, 11, 14, 22, 25, 29, 32, 34, 35, 36, 50, 53, 54, 56, 66, 72, 80, 84, 86, 90, 93, 105); HB Verlag: Spitta (24); La Terra Magica (U r., 5 l., 26, 59, 82); K. Thiele (1, 17, 38, 48, 52, 61, 63, 64, 65, 70, 79); laif: Tophoven (U l., 2 M., 18, 20, 43, 44, 88); Mauritius: Kord (37)

2. (10.), aktualisierte Auflage 2002 © Mairs Geographischer Verlag, Ostfildern
Herausgeber: Ferdinand Ranft, Chefredakteurin: Marion Zorn
Redaktion: Elke Arriens-Swan, Bildredakteurin: Gabriele Forst
Kartografie Reiseatlas: © Mairs Geographischer Verlag/RV Verlag, Ostfildern
Gestaltung: red.sign, Stuttgart
Sprachführer: in Zusammenarbeit mit dem Ernst Klett Verlag GmbH, Stuttgart, PONS Wörterbücher
Das Werk einschließlich aller seiner Teile ist urheberrechtlich geschützt. Jede urheberrechtsrelevante Verwertung ist ohne Zustimmung des Verlages unzulässig und strafbar. Das gilt insbesondere für Vervielfältigungen, Übersetzungen, Nachahmungen, Mikroverfilmungen und die Einspeicherung und Verarbeitung in elektronischen Systemen.
Printed in Germany. Gedruckt auf 100% chlorfrei gebleichtem Papier

Bloß nicht!

Ein paar Verhaltensregeln, die Ihnen Überraschungen und Unannehmlichkeiten ersparen können

Jedes Hilfsangebot annehmen

Sie scheinen vor jedem Museumseingang zu stehen und haben garantiert einmal in Deutschland in Ihrer Nähe gewohnt: die Schlepper oder »Piraten« *(korsan)*, die Sie freundlich irgendwohin einladen oder Ihnen sonstige Hilfe anbieten. Wimmeln Sie die Piraten freundlich, aber sehr bestimmt ab.
Trotzdem nicht vergessen: Nicht alle hilfsbereiten Türken sind Schlepper.

Die Gastgeber verprellen

Wenn Sie in ärmeren Gegenden ins Haus eingeladen werden, ist es gut, kleine Geschenke – etwa Süßigkeiten für die Kinder – dabeizuhaben. Denken Sie daran, vor dem Betreten einer Wohnung die Straßenschuhe auszuziehen. Meistens stehen an der Tür Pantoffeln für Gäste bereit. Es gilt auch als sehr unhöflich, alle angebotenen Getränke und Speisen abzulehnen.
Wer außer Haus zu einem Getränk eingeladen wird, sollte nicht versuchen, selbst zu zahlen. Das verärgert den Gastgeber.

Überall in Shorts herumlaufen

Restaurants und Gotteshäuser – muslimische, christliche, jüdische – betritt man nicht in Shorts und Hemdchen. Vor den großen Moscheen werden Tücher verteilt, mit denen Sie im Bedarfsfall Schultern und Beine bedecken können. Frauen sollten darüber hinaus ihren Kopf verhüllen. Bevor Sie eine Moschee besichtigen, müssen Sie unbedingt die Schuhe ausziehen.

Zu viel Haut zeigen

Außerhalb der Touristenzentren sollten Frauen auf sehr freizügige Kleidung verzichten. Nicht weil es gefährlich wäre, sondern weil sie damit rechnen müssen, ständig angestarrt und angesprochen zu werden. Paare sollten sich überall in der Türkei nicht zum öffentlichen Austausch heftiger Zärtlichkeiten hinreißen lassen. Als ungehöriges Verhalten gilt auch FKK; es ist zudem streng verboten. An vielen Stränden der von Touristen stark frequentierten Südküste – zumal bei den großen Hotels – ist das Sonnen oben ohne aber in den meisten Fällen kein Problem.
In türkischen Bädern bedeckt man auch unter seinesgleichen seine Scham. Männer wickeln sich die bereitgestellten Baumwolltücher um die Hüften, Frauen um den Oberkörper.
Ansonsten gilt: Fragen beugt Missverständnissen vor.